职业教育城市轨道交通类教材

城市轨道交通供电系统概论

● 程永胜　主编　　● 李学武　主审

化学工业出版社

·北京·

内容简介

本书遵照《城市轨道交通工程项目规范》(GB 55033—2022)、《地铁设计规范》(GB 50157—2013)等技术条文，结合相关设计院、工程局、地铁公司、生产厂家的技术资料、运营文件，全貌性、概要性地介绍城市轨道交通供电系统中变电所、接触网、电力监控系统等设施、设备的结构、原理及运营维护要点。

本书可作为高等职业教育轨道交通类专业的教学用书，也可作为城市轨道交通行业职工培训用书以及技术人员的参考用书。

图书在版编目（CIP）数据

城市轨道交通供电系统概论/程永胜主编. —2版. —北京：化学工业出版社，2024.1
职业教育城市轨道交通类教材
ISBN 978-7-122-44503-2

Ⅰ.①城… Ⅱ.①程… Ⅲ.①城市铁路-供电系统-职业教育-教材 Ⅳ.①U239.5

中国国家版本馆CIP数据核字（2023）第225993号

责任编辑：潘新文　　　　　　　　文字编辑：袁　宁
责任校对：刘　一　　　　　　　　装帧设计：韩　飞

出版发行：化学工业出版社
　　　　　（北京市东城区青年湖南街13号　邮政编码100011）
印　　装：北京印刷集团有限责任公司
787mm×1092mm　1/16　印张11½　字数209千字
2024年3月北京第2版第1次印刷

购书咨询：010-64518888　　　　　　售后服务：010-64518899
网　　址：http://www.cip.com.cn
凡购买本书，如有缺损质量问题，本社销售中心负责调换。

定　　价：39.80元　　　　　　　　　　　版权所有　违者必究

第二版前言

党的二十大报告指出："坚持把发展经济的着力点放在实体经济上，推进新型工业化，加快建设制造强国、质量强国、航天强国、交通强国、网络强国、数字中国。""推动能源清洁低碳高效利用，推进工业、建筑、交通等领域清洁低碳转型。"这为建设和运营"绿色城轨""智慧城轨"指明了方向。"交通强国，城轨担当"。党的十八大以来，我国城市轨道交通加快推进创新驱动、转型发展、产业变革，提升运营服务品质，推进高质量与高效率并重发展，从"城轨大国"向着"城轨强国"迈进。预测"十四五"期间，我国城市轨道交通运营里程将增加5000km，总量将达到13000km，员工人数预计达到63.7万（中国城市轨道交通协会统计信息）。

城市轨道交通供电系统是城市轨道（城轨）列车、车站和线路的动力源，它既为城市轨道交通运输提供电能，也为城市轨道交通运营安全提供技术保障，是建设运营绿色城轨、智慧城轨的必然选择。

本书在第二版修订过程中，编者收集了郑州、广州、成都、宁波等城市轨道交通供电系统设计、施工和运营维护技术文件，认真吸纳了《地铁设计规范》《城市轨道交通工程项目规范》《电力系统技术导则》《供配电系统设计规范》《电气简图用图形符号》等国家标准，主要修订内容如下：按照实用、简洁的思路，对第一、二、五、六章相关内容进行了梳理、调整、充实、更新，使之与当前城市轨道交通供电系统技术设备保持同步。根据读者的建议，在第六章中增加了城市轨道交通供电系统接地的相关内容。

本书以"问题导入—学习要点—内容讲解—复习思考—阅读材料"为编写结构，旨在方便读者自主学习，利于教师授课，"内容讲解"强调城市轨道交通供电系统专有技术与设备的知识，"阅读材料"作为供电系统通用知识的补充，力争实现重点突出、系统完整的知识体系。

本书由中国铁路武汉局集团有限公司武汉供电段高级工程师程永胜担任主编，郑州铁路职业技术学院李学武教授担任主审。编写分工如下：程永胜编写第一、二章，并负责全书统稿工作；郑州铁路职业技术学院吉鹏霄、中国铁路武汉局集团有限公司武汉供电段段昊斌共同编写第三章；北京铁路电气化学校杨洁编写第四章；湖南铁道职业技术学院李永胜编写第五、六章及附录。

本书编写过程中，得到了相关设备厂家、地铁运营公司的大力支持，他们提供了大量技术资料，在此表示衷心感谢。

由于编者水平所限，书中难免存在不完善之处，请广大读者特别是从事轨道交通供电系统设计、施工和产品制造、运营维修工作的人员提出意见和建议。

编者

2023 年 4 月

第一版前言

目前城市轨道交通迅猛发展,为广大乘客提供了快捷舒适、安全环保的交通方式,也成为解决大城市交通拥堵的有效手段。

供电系统是城市轨道交通的动力源泉。本书遵照国家最新颁布的《城市轨道交通技术规范》(GB 50490—2009)、《地铁设计规范》(GB 50157—2013)等技术条文,结合相关设计院、工程局、地铁公司、生产厂家的技术资料、运营文件,全貌性、概要性地介绍城市轨道交通供电系统中变电所、接触网、电力监控系统等设施、设备的结构、原理及运营维护要点。

本书共分六章:第一章介绍城市轨道交通和城市轨道交通供电系统的概况。第二章介绍主变电所、降压变电所、牵引降压混合变电所的电气主接线、设备配置、运行方式以及中压环网结构与运行,以及整流机组、直流开关柜的结构原理与维护。第三章介绍柔性接触网、刚性接触网、第三轨的结构以及适用范围、优缺点、运行要点。第四章介绍城市轨道交通直流供电系统继电保护的设置、工作原理。第五章介绍电力监控系统的结构与功能。第六章从杂散电流的产生机理入手,扼要分析了杂散电流的腐蚀原理、危害性,详细讲述了杂散电流腐蚀防护的具体措施、杂散电流监测的原理与设备、杂散电流排流的原则与设备等。

本书每章基本上按照"问题导入—学习要点—内容讲解—复习思考—阅读材料"的模式编写,旨在引导读者学习,利于教师授课。本书可作为高等职业技术学院轨道交通类专业的教学用书,也可作为城市轨道交通行业职工培训以及技术人员参考用书。

本书由李学武担任主编。编写分工如下:李学武编写第一章、第二章、第五章、第六章,并负责全书统稿工作,吉鹏霄编写第三章,杨洁编写第四章。

编写过程中,编者参阅了大量技术资料,这些资料主要来源于郑州、上海、成都、广州、武汉等地的地铁公司、海南金盘电气有限公司、厦门ABB开关有限公司、上海西门子开关有限公司、镇江大全赛雪龙牵引电器有限公司、徐州中矿大传动与自动化有限公司(现为江苏国传电气有限公司)、中铁第四勘察设计集团有限公司、中铁电气化勘测设计研究院等等,在此一并致谢。

由于编者水平所限,书中难免存在错误或不完善之处,请广大读者特别是从事轨道交通供电系统设计、施工和产品制造、维修工作的人员提出意见和建议。读者可以通过邮箱xuewu6981@163.com和编者共同探讨与本书相关的技术问题。

编者

2015年5月

目录

第一章　城市轨道交通供电系统运营　1
第一节　城市轨道交通运营　1
第二节　城市轨道交通供电系统运营　7
复习思考　16
阅读材料　16

第二章　城市轨道交通变电所运营与维护　21
第一节　主变电所运营与维护　21
第二节　中压供电网络运营与维护　32
第三节　降压变电所运营与维护　39
第四节　牵引降压混合变电所运营与维护　44
第五节　直流开关柜操作与维护　51
复习思考　58
阅读材料　58

第三章　城市轨道交通接触网运营与维护　67
第一节　地铁接触网概述　67
第二节　柔性架空接触网运营与维护　73
第三节　刚性架空接触网运营与维护　79
第四节　第三轨运营与维护　84
复习思考　88
阅读材料　88

第四章　城市轨道交通继电保护装置运营与维护　89
第一节　城市轨道交通供电系统继电保护配置　89
第二节　整流机组继电保护装置运营与维护　92
第三节　直流系统电流类继电保护装置运营与维护　100
第四节　直流系统电压类继电保护装置运营与维护　107
第五节　直流馈线的控制功能及自动装置运营与维护　111

复习思考 ………………………………………………… 115
　　阅读材料 ………………………………………………… 116

第五章　城市轨道交通供电系统电力监控 ……………… 120
　　第一节　电力监控系统的概念及其硬件构成 …………… 120
　　第二节　电力监控系统的功能 …………………………… 128
　　复习思考 ………………………………………………… 136
　　阅读材料 ………………………………………………… 136

第六章　城轨交通接地与杂散电流防护 …………………… 138
　　第一节　杂散电流的形成与危害 ………………………… 139
　　第二节　杂散电流防护、监测与排流 …………………… 142
　　第三节　杂散电流防护监测系统维护 …………………… 153
　　第四节　城市轨道交通供电系统的接地装置 …………… 156
　　复习思考 ………………………………………………… 164
　　阅读材料 ………………………………………………… 165

附录　城市轨道交通相关法规、规范、技术标准 ………… 174

参考文献 ………………………………………………………… 176

第一章
城市轨道交通供电系统运营

问题导入

作为解决城市交通拥挤的一种重要手段,城市轨道交通已经从起步发展到全面建设运营期,以其环保、舒适、快捷的优势,改变了人们的出行方式。那么,如何定义"城市轨道交通"?如何分类"城市轨道交通"?如何组成"城市轨道交通系统"?城市轨道交通中,列车的电能从哪里来?本章作为全书的开篇,将回答上述问题,还会提供世界地铁的起源、中国地铁的起源、电力系统等相关知识。

学习要点

① 熟悉城市轨道交通的定义。
② 熟悉城市轨道交通分类及其特点。
③ 熟悉城市轨道交通系统的构成。
④ 掌握城市轨道交通供电系统的定义。
⑤ 掌握城市轨道交通供电系统的构成及其各部分功能。
⑥ 理解城市电网对城市轨道交通供电系统的供电方式。
⑦ 学会分析牵引供电系统的供电方式。
⑧ 能够列举城市轨道交通供电系统的电压等级。

第一节 ●●● 城市轨道交通运营

一、城市轨道交通的概念与分类

在《城市公共交通分类标准》(CJJ/T 114—2007)中,城市公共交通被划分为城市道路公共交通、城市轨道交通、城市水上公共交通、城市其他公共交通四大类。对"城市轨道交通"的定义是：采用轨道结构进行承重和导向的车辆运输系统，依据城市交通总体规划的要求，设置全封闭或部分封闭的专用轨道线路，以列车或单车形式，运送相当规模客流量的公共交通方式，包括地铁系统、轻轨系统、单轨系统、有轨电车、磁浮系统、自动导向轨道系统和市域快速轨道系统。

中国城市轨道交通协会批准发布的《城市轨道交通分类》（T/CAMET 00001—2020）明确城市轨道交通可划分为地铁系统、市域快轨系统、轻轨系统、中低速磁浮交通系统、跨座式单轨系统、悬挂式单轨系统、自导向轨道系统、有轨电车系统、导轨式胶轮系统和电子导向胶轮系统十类。

来自中国城市轨道交通协会的信息显示，截至2022年底，全国（不含港、澳、台）累计有55个城市开通城轨交通运营线路10287.45km。其中，地铁8008.17km，占比77.84%；轻轨219.75km，占比2.14%；单轨144.65km，占比1.41%；市域快轨1223.46km，占比1.89%；有轨电车564.77km，占比5.49%；磁浮交通57.86km，占比0.56%，自动导向轨道系统10.19km，占比0.10%。

1. 地铁系统

地铁系统是在城市中修建的快速、大运量、长距离、用电力牵引的轨道交通系统。列车在全封闭的线路上运行，位于中心城区的线路基本设在地下隧道内，中心城区以外的线路一般设在高架桥或地面上。

地铁采用钢轮钢轨体系，标准轨距1435mm。地铁车辆的基本车型为A、A_S、B、L_b型等。地铁的单向高峰客运能力可达30000人次/h以上。列车编组一般由4~8辆组成，列车最大长度185m，要求有较长的站台相匹配，最高行车速度应不小于80km/h。某地铁站上下车人流场景如图1-1所示。

目前，世界上著名的特大城市如纽约、伦敦、巴黎、莫斯科、东京等，中国的各个直辖市、省会城市如北京、上海、重庆、广州、南京、西安、成都、郑州、杭州等，均已形成一定的城轨交通规模和网络，且以地铁为主干，延伸到城市的各个方向。截至2022年底，全国（不含港、澳、台）有地铁的城市有41座。

2. 轻轨系统

如图1-2所示，轻轨系统是在老式的地面有轨电车的基础上发展起来的。我国"轻型轨道交通系统"（轻轨系统，也称轻轨）的道床、轨道结构、运行

图 1-1　某地铁站上下车人流场景

图 1-2　城市轻轨

车辆和运行管理系统,与地铁基本相同。与地铁不同之处仅仅是客运量比地铁小,客运量为 10000～30000 人次/h。它介于地铁和公共汽车之间,属于中等运能的一种公共交通形式。轻轨采用钢轮钢轨体系,标准轨距 1435mm。轻轨主要在城市地面或高架桥上运行,线路采用地面专用轨道或者高架轨道,遇繁华街区也可进入地下或与地铁接轨。

轻轨车辆以电力提供牵引动力,可以采用直流、交流或线性电机驱动。电压制式以直流 750V 架空线(或第三轨)供电为主,也有部分采用直流 1500V 或直流 600V 供电。轻轨车辆的基本车型为 B、C、L_C 型等,列车最大长度 100m。轻轨的建设费用比地铁少,每千米线路造价仅为地铁的 1/5～1/2。

截至 2022 年底，全国（不含港、澳、台）有轻轨的城市有天津、长春、大连 3 座。

3. 单轨系统

单轨系统是一种车辆与特制轨道梁组合成一体运行的中运能或低运能轨道运输系统，轨道梁不仅是车辆的承重结构，也是车辆运行的导向轨道。单轨系统又称为独轨交通。单轨系统的设想早在 19 世纪末已经形成。1901 年德国鲁尔地区的三个工业城市之间，在险峻的乌珀河谷上空建成一条快速交通线，车辆吊在架空的导轨下面，沿着导轨行驶，后来三市合并成为乌珀塔尔市，这个单轨系统成为该市的一个标志。

独轨交通用作城市公共交通，开始进展比较缓慢。日本从德国引进专利，近 30 年开发了多种独轨线路，在世界城轨交通中独树一帜。我国重庆从日本引进了独轨交通，如图 1-3 所示。

图 1-3　重庆独轨线路

独轨交通采用高架轨道结构，按结构型式分为跨座式和悬挂式两种类型。前者车辆的走行装置（转向架）跨骑在走行轨上，其车体重心处于走行轨的上方。后者车体悬挂于可在走行轨上走行的走行装置的下面，其重心处于走行轨的下方。

单轨车辆以电力提供牵引动力，车辆的基本车型为单轨 A、单轨 B、市域单轨车、悬挂单轨车等，列车最大长度 75m（悬挂式单轨系统）、120m（跨座式单轨系统）。设计最高速度为 80～120km/h（跨座式单轨系统）、60～80km/h（悬挂式单轨系统）。

独轨线路占地小，可充分利用城市空间，适宜于在大城市的繁华中心区建线，对城市景观及日照影响小，具有交通和旅游观光的双重作用。能实现大坡度和小曲线半径运行，可绕城市的建筑物运行。单轨的建设费用比地铁少，每千米线路造价仅为地铁的1/5～1/2。

独轨交通的缺点是：能耗大，由于其走行装置采用橡胶轮，它与混凝土轨面的滚动摩擦阻力比钢轮钢轨大，故其能耗比一般轨道交通约大40%，且有轻度的橡胶粉尘污染。独轨线路不能与常规的地铁、轻轨等接轨。其道岔结构复杂、笨重，转换时间较长，从而延长了列车折返时间。若列车运行于区间时发生事故，疏散和救援工作困难。

截至2022年底，全国（不含港、澳、台）有单轨的城市有2座，即重庆和芜湖。

4. 有轨电车系统

有轨电车系统是一种以低运能为主的城市轨道交通系统，包括采用钢轮钢轨、单厢、模块化或铰接式车辆的有轨电车系统和采用胶轮车辆的导轨式有轨电车系统。有轨电车系统的运输能力为5000～12000人次/h。运营线路以地面为主，采用开放式或部分封闭式。设计最高速度为60～70km/h。有轨电车系统车辆类型为钢轮钢轨低地板车辆，列车最大长度75m。

截至2022年底，全国（不含港、澳、台）运营有轨电车的城市（州）包括北京、上海、天津、广州、深圳、武汉、南京、沈阳、长春、大连、成都、苏州、佛山、青岛、淮安、珠海、天水、三亚、嘉兴、文山州、南平等21个。

5. 磁浮系统

磁浮系统指利用电磁力实现列车与轨道间的无接触悬浮导向的系统，运行方式为悬浮状态，采用直线电机驱动行驶。设计最高速度在80～200km/h区间内的，均为中低速磁浮系统。磁浮系统运输能力为10000～30000人次/h，高架线路为主，全封闭运行，列车最大长度120m。车辆类型为短定子直线异步电机磁浮车辆、长定子直线同步电机磁浮车辆。

截至2022年底，全国（不含港、澳、台）有磁悬浮交通的城市有3座，即上海、北京、长沙。上海的是高速磁悬浮，北京和长沙是中低速磁悬浮。

6. 自动导向轨道系统

在《自动导向轨道交通设计标准》（CJJT 277—2018）中，对自动导向轨道系统定义如下：一种以无人驾驶胶轮电动车辆为主导的，在配有运行道与导向轨的专用线路上全自动运行的城市轨道交通系统制式。

自动导向轨道交通线路应为全封闭式，以高架线路、地面线路敷设方式为主，列车采用无人值守全自动驾驶模式。高密度组织运营，其设计最大运输能力满足行车密度不小于 36 对/h 的要求，最大运行速度不大于 100km/h。自动导向车辆由供电轨供电，一般为直流 750V。

世界主流的自动导向轨道系统主要有 3 家，分别是以庞巴迪为代表的 APM 系统、以西门子为代表的 VAL（路轨技术）系统和以日本三菱等厂家为代表的 AGT（自动导向新交通）系统。

截至 2022 年底，全国（不含港、澳、台）有自动导向轨道的城市有 2 座，即上海和广州。

7. 市域快速轨道系统

市域快速轨道（市域快轨）是指大城市市域范围内的客运轨道交通线路。市域快轨线路长度比一般市内地铁要长，主要服务于城市与郊区、中心城市与卫星城、重点城镇间等，服务范围一般在 100km 之内，是介于地铁、轻轨等城市轨道交通和城际高速铁路之间的新型运输模式，最高运行速度可达 160km/h，速度等级提高近 1 倍，极大方便周边卫星城及城镇和市区的联系。另外可根据不同区域情况配备速度为 120～160 km/h、不同车辆断面与供电制式的市域快轨车辆。

截至 2022 年底，全国（不含港、澳、台）有市域快轨的城市有 16 座，即北京、上海、南京、重庆、广州、大连、西安、嘉兴、金华、台州、成都、郑州、宁波、兰州、青岛、温州。

二、城市轨道交通的特点

与城市道路交通相比，城市轨道交通有以下特点：采用列车编组化运行，运量大；具有良好的线路条件与控制体系，速度快；采用电力牵引，污染少，环保；可采用地下和高架敷设方式，占地面积小；采用全隔离的路权方式，安全性和可靠性强；具有良好的环控体系和候车环境，乘车舒适性佳。

当然，城市轨道交通是一个庞大的系统工程，它涉及土建（装修）、机械、电子、供电、通信、信号等技术，设备多，点多面广，技术要求、技术含量高，系统性、严密性、联动性要求高，土建工程大而多，且建设的周期长，涉及的资金投入一般是（4～6）亿元/km。一般大城市建成一个 200km 的地铁网，要投入上千亿元的资金，且时间要 10 年以上。

三、城市轨道交通系统的基本组成

城市轨道交通系统包括工程基本设施、运营设备系统两大部分。

工程基本设施包括轨道、路基、桥梁、隧道、车站、实现从城市电网向地铁供电的主变电所、调度指挥整（几）条地铁的运营管理的控制中心、车辆基地等。车辆基地是地铁车辆维修、停放等的综合基地，往往与其他保障体系合建，包括材料总库、综合维修和技术培训基地等，有时控制中心也建在其中。

运营设备系统包括车辆系统（运载输送乘客）、供电系统（为车辆、机电设备和车站提供动力及照明的电能）、通风系统（实现车站、区间隧道换气降温）、空调系统（用于车站环境温度的控制）、通信系统（实现信息传输）、信号系统（指挥行车、保障安全）、给排水系统（供给生产生活用水，抽排废水污水）、消防系统（实现水消防和气体消防）、防灾报警系统（灾害事故的监测和报警）、自动扶梯系统（车站各层间旅客输送）、屏蔽门系统（保障站台旅客安全，屏蔽环控范围）、自动售检票系统（直接为旅客服务的票务设施）、综合监控系统（环境、灾害、电力监控，信息采集和微机管理系统）。

在人们的习惯用语中，"城市轨道交通"和"地铁"并无明显区分。本书中所言的"地铁"一般也可认为是"城市轨道交通"的俗称。

第二节　城市轨道交通供电系统运营

为城市轨道交通运营提供所需电能的系统称为城市轨道交通供电系统。它的供电负荷包括：为城市轨道交通电动列车提供牵引用电；为城市轨道交通运营服务的其他设施提供电能，如照明、通风、空调、给排水、通信、信号、防灾报警、自动扶梯等。

在城市轨道交通的运营中，供电一旦中断不仅会造成城市轨道交通运输的瘫痪，而且还会危及乘客生命安全和造成财产的损失。因此，高度安全、可靠又经济合理的电力供给是城市轨道交通正常运营的重要保证和前提。

一、城市轨道交通供电系统的组成

《地铁设计规范》（GB 50157—2013）指出：城市轨道交通供电系统由五部分组成，即外部电源、主变电所（或者电源开闭所）、牵引供电系统（包括牵引变电所和牵引网）、动力照明系统（包括降压变电所与动力照明配电系统）、电力监控系统。

城市轨道交通供电系统示意图如图1-4所示。

1. 外部电源

对地铁内部的用电设备而言，城市轨道交通供电系统是电源；而对城市电

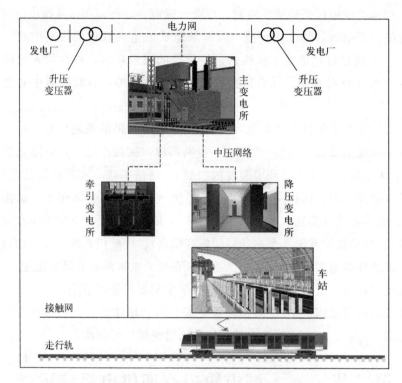

图 1-4 城市轨道交通供电系统示意图

网来讲,城市轨道交通供电系统是电能用户。它一般都直接从城市电网取得电能,无需单独建设电厂。

目前国内城市电网对地铁供电的电压等级有 110kV、63kV、35kV 和 10kV,20kV 电压等级也已作为方案被提出,究竟采用哪一种电压等级,由不同城市电网构成的特点和地铁的实际需要而定。

城市电网对地铁的供电方式有三种:集中式供电、分散式供电和混合式供电。

(1) 集中式供电

地铁在其线路附近建设专用的主变电所,由本线路或者其他线路的主变电所为本线路牵引变电所及降压变电所供电的外部供电方式称为集中式供电。

主变电所的设置,既要考虑负荷平衡,也要考虑与其他地铁线路的资源共享。一座主变电所可为几条线路同时供电,为保证供电的可靠性,一条线一般设置两座或两座以上的主变电所。我国大多数城市(上海、广州、深圳、南京、郑州等)的地铁,采用集中式供电方式。

主变电所进线电压等级根据地区情况而有所不同,一般地区为 110kV,东北地区为 63kV。主变电所馈线的电压等级一般为 35kV 或者 10kV。

集中式供电方式示意图如图 1-5 所示。

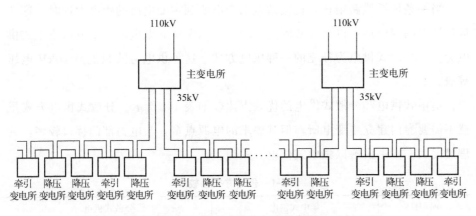

图 1-5　集中式供电方式示意图

(2) 分散式供电

由沿线引入城市中压电源，为地铁线路的牵引变电所及降压变电所供电的外部供电方式称为分散式供电。

分散式供电不设主变电所，直接从城市电网引入 10kV（或 35kV）电源，经电源开闭所配给地铁各站、段。北京地铁和大连轻轨等采用了分散式供电。分散式供电要保证每座牵引变电所或降压变电所都能获得两路电源。如图 1-6 所示为某条分散式供电地铁线路的示意图，一条地铁线路设置了 6 个电源开闭所，为各个站、段的变电所供电。

图 1-6　某条分散式供电地铁线路的示意图

(3) 混合式供电

由主变电所和城市中压电源共同为牵引变电所及降压变电所供电的外部供电方式称为混合式供电。

当一条地铁线路很长,远端站点的变电所到主变电所的距离太远时,这些远端站点的变电所可以直接从附近的城市中压电源获取电能,形成以集中式供电为主、分散式供电为补充的一种供电方式。这种供电方式只能是 10kV 电压等级。

集中式供电和分散式供电的优缺点比较如表 1-1 所示。分散式供电方式虽然不需要专门建立主变电所,但其要求的电源点多,与电力部门接口较多,管理难度大。本书讲解以集中式供电方式为主。

表 1-1 供电方式比较表

项　　目	集中式供电	分散式供电
与电网接口	与城市电网接口少	与城市电网接口多
供电可靠性	供电可靠性高,受外部电网影响小	直接与地区负荷共母线,易受影响
电能质量	受电电压较高,电能质量好	受电电压较低,电能质量较差
对城市电网的影响	与城市电网相互影响小,可采取措施集中监测和处理谐波	牵引负荷波动大,对城市电网影响大,可能造成电网污染
占地面积	主变电所需占用土地面积	不设主变电所,但城市变电站改造也需占用土地面积
电缆敷设	隧道外电缆敷设量少,通道问题相对容易解决	由于引入电源数量大,隧道外电缆敷设量大,不利于电缆敷设施工和维护
调度管理	与城市电网接口少,运营、调度、管理方便	与城市电网接口多,运营、调度、管理不便
运营维护	集中管理,运营维护工作量小	分散管理,运营维护工作量大
工程投资	因引入电源电压等级通常较高,电源和主变电所工程投资较高	引入电源电压等级较低,且不新建主变电所,工程投资较低,但需改造城市电网变电站数量较多,投资不确定因素增加

2. 主变电所

主变电所(或者电源开闭所)为地铁建设的专用变电所,只有采用集中式供电方式时才设置,专为地铁牵引供电系统和供配电系统供电。主变电所一般沿地铁线路靠近车站的位置建设,以便于电缆线路的引入。

3. 中压网络

中压网络为联系主变电所、牵引变电所、降压变电所的供电网络,一般采用电缆线路、环网供电方式。

4. 牵引供电系统

牵引供电系统包括牵引变电所、沿线敷设的牵引网。专为电动列车服务，完成向列车输送电能的任务。

（1）组成与要求

在城市轨道交通牵引供电系统中，电能从牵引变电所经馈线、接触网（或接触轨）输送给电动列车，再从电动列车经轨道回路（钢轨）、回流线流回牵引变电所。由馈线、接触网、轨道回路及回流线组成的供电网络称为牵引网。

城市轨道交通牵引供电系统示意如图1-7所示，其各部分功能简述如下。

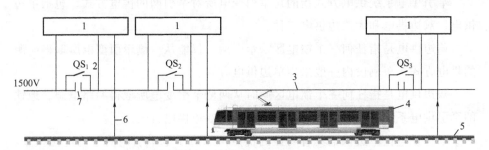

图1-7　牵引供电系统示意图

1—牵引变电所；2—馈线；3—接触网（或接触轨）；4—电动列车；

5—轨道；6—回流线；7—电分段

牵引变电所：供给城市轨道交通一定区域内牵引电能的变电所。一般情况下与车站的降压变电所合建，称为牵引降压混合变电所。

接触网（或接触轨）：经过电动列车的受电器向电动列车供给电能的导电网（有接触轨和架空接触网两种形式）。

馈线：从牵引变电所向接触网输送牵引电能的导线。

回流线：用以供牵引电能返回牵引变电所的导线。

电分段：为便于检修和缩小事故范围，将接触网分成若干段，称为电分段。

轨道：列车行走时，利用走行轨作为牵引电流回流的电路。在采用跨座式单轨电动车组时，需沿线路专门敷设单独的回流线。

牵引网系统负责将牵引变电所馈出的电能输送到列车上，一般有架空接触网和接触轨两种形式。接触网按其悬挂方式又可分为柔性（弹性）接触网和刚性接触网。习惯上，由于接触轨是沿线路敷设的与轨道平行的附加轨，故又称第三轨。

从电压等级看，国内牵引网系统有DC1500V和DC750V两种等级；

DC1500V采用架空接触网形式，个别线路（如广州地铁4号线）采用接触轨形式；DC750V一般采用接触轨形式。直流牵引供电系统的电压及其波动范围应符合表1-2的规定。

表1-2 直流牵引供电系统电压及其波动范围

系统电压/V		
标称值	最高值	最低值
750	900	500
1500	1800	1000

（2）牵引供电系统供电方式

牵引供电系统供电方式指的是牵引变电所对牵引网的供电方式，包括单边供电、双边供电和大双边供电三种。

单边供电是指任何一个馈电区（牵引网）仅能从一侧牵引变电所取得电源的供电方式。车辆段内一般采用单边供电方式。

双边供电是指任何一个馈电区同时从两侧牵引变电所取得两路电源。地铁的牵引供电系统，正常运行时正线均应采用双边供电方式。

双边供电比单边供电具有明显的优点。双边供电牵引网的平均电压损失、列车带电运行时受流器上的电压损失、列车最大平均电压损失、列车启动时最大电压损失、牵引网的功率损失等，都是单边供电的1/4～1/3。双边供电时，列车的再生能量可以被同行列车吸收，当车流密度高时，再生能量更易被同行列车利用；而单边供电时，再生能量被其他同行列车吸收的可能性极小。此外，就杂散电流值而言，双边供电是单边供电的1/4～1/3。

《地铁设计规范》（GB 50157—2013）指出：正常运行方式下，两相邻牵引变电所应对其同一供电分区采用双边供电方式。双边供电示意图如图1-8所示，走行轨对地电位分布如图1-9所示。

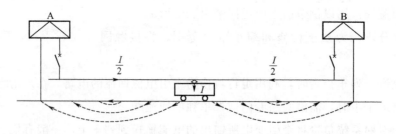

图1-8 双边供电示意图

A、B—牵引降压混合变电所；I—牵引负荷电流；Δu—走行轨对地电位

鉴于双边供电与单边供电相比有很多优点，《地铁设计规范》（GB 50157—2013）还规定：当正线的中间牵引变电所退出运行时，应由相邻的两座牵引变

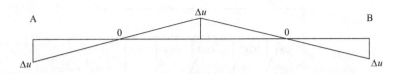

图 1-9　双边供电走行轨对地电位示意图

电所依靠其两套牵引整流机组的过负荷能力实施大双边供电。

实现大双边供电有以下两种方式。

（1）利用解列的牵引变电所的直流母线构成大双边供电

如图 1-10 所示。当牵引变电所只有两套整流机组退出运行，并且直流母线、上下行 4 路馈线开关及其二次回路完好无损且能正常运行时，图 1-10 中 QF1、QF2、QF3、QF4、QS1、QS2、QS3、QS4 合闸，可以实现该种大双边供电。

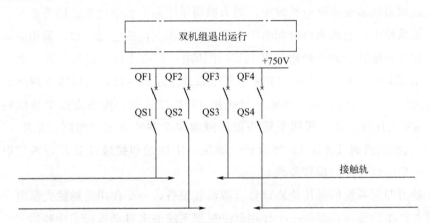

图 1-10　利用直流母线构成大双边供电

利用故障变电所的直流母线将上下行的接触轨（接触网）并联起来，虽然改善了电压质量、降低了损耗，但同时也会扩大事故范围，当接触轨（接触网）一点发生短路故障时，可能引起多路馈线开关（图 1-10 中 QF1、QF2、QF3、QF4）跳闸，从而使事故范围扩大。

（2）利用纵向电动隔离开关构成大双边供电

当牵引变电所故障解列时，利用电分段处的纵向电动隔离开关构成大双边供电，使整座牵引变电所（含隧道开关柜）退出运行，牵引网运行不受故障牵引变电所影响，图 1-11 中两台纵向电动隔离开关 QS5、QS6 处于合闸状态。

5. 动力照明系统

动力照明系统包括降压变电所、低压配电系统，专为地铁除电动车辆以外

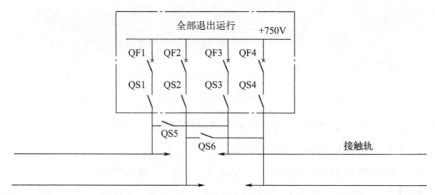

图 1-11 利用纵向电动隔离开关构成大双边供电

的所有动力照明负荷（如车站和区间的动力、照明及其他为地铁服务的自动化用电设施）供电。

在城市轨道交通供电系统中，动力照明系统和牵引供电系统同等重要。动力照明系统中压电源侧可以和牵引供电系统中压交流侧电压一致，采用混合网络，如北京地铁、大连轻轨采用 10kV 电压级；广州地铁、南京地铁、深圳地铁采用 35kV 电压级。也可以和牵引供电系统电压不一致，采用独立网络，如上海地铁 1、2 号线，牵引供电系统采用 33kV 电压级，而动力照明系统则采用 10kV 电压级。动力照明系统的低压侧则完全和地面工程相同，采用 220/380V 三相四线制 TN-S（接零保护）系统，中性线和接地线分开，即三根相线、一根中性线、一根接地线。

动力照明系统的低压侧需设置有源滤波设备，一个作用是滤除大量电子变频设备产生的谐波，另外一个作用就是根据系统需求自动进行无功补偿。

低压负荷应按照动力、照明、空调分别计量。低压开关柜一般选用抽出式开关柜。

低压负荷按其用途和重要性可分为 3 级：

① 一级负荷。排烟风机、消防泵、主排水泵、自动售检票机、屏蔽门、电力监控、变电所操作电源、防灾报警、通信信号、人防系统、地下车站站台、站厅照明及应急照明等。

② 二级负荷。局部通风机、普通风机、排污泵、自动扶梯、电梯等。

③ 三级负荷。空调、冷冻机、热风幕、广告照明、维修电源等。

对三种负荷供电的技术要求为：

一级负荷为双电源、双电缆，供电末端自动切换，来电自复；二级负荷为双电源、单电缆，在电源端自动切换，来电自复；三级负荷为单电源、单电缆，当电源失压时，可以自动切除。

对于一级负荷，大功率设备双电源可以来自变电所两段母线，小功率设备双电源可来自不同母线上的配电箱；对二级负荷，由两路电源单回路供电，电源在变电所自动切换；对三级负荷，由一路电源供电，当一台配电变压器故障解列时，可根据运行需要自动切除。

当一台配电变压器故障解列时，另一台配电变压器可承担全部一、二级负荷。

6. 电力监控系统

电力监控系统也称为 SCADA（Supervisory Control and Data Acquisition）系统，即数据采集与监视控制系统。系统功能包括遥控、遥信、遥测、遥调，并应具备数据传输及处理、报警处理及统计报表、查看用户画面、自检、维护和扩展、信息查询、安全管理、系统组态、在线检测、时钟同步、培训等功能。

电力监控系统包括电力调度系统（主站）、变电所综合自动化系统（子站）及联系主站和子站的专用数据传输通道。

电力调度系统（主站）设在地铁的运营控制中心（Operation Control Center，OCC），对全线变电所及沿线供电设备实行集中监视、控制和测量。电力调度系统（主站）由数据服务器、通信前置机、工程师工作站及模拟盘显示器等组成，完成对所采集数据的分析、计算、存储、设备状态监视，以及控制命令的发送等功能。变电所综合自动化系统（子站）完成对设备状态、信号等数据的采集、整理、简单分析计算及变电所内控制等功能。专用数据传输通道一般采用光缆。

二、城市轨道交通供电系统的供电要求及电压等级

一般大工厂和企业用电多集中在一个地方，而地铁用电则在沿线路的几千米到几十千米范围内的一条线上，这是地铁与其他用户不同的地方。

地铁作为城市电网的重要用户，属一级负荷。地铁供电系统的主变电所、牵引变电所、降压变电所，都要求能获得双路电源。对双路电源的要求是：

① 双路电源要求来自不同的变电所或同一变电所的不同母线。

② 双路电源应分列运行，互为备用，即当一路电源故障时，由另一路电源承担全部一、二级负荷。

③ 电源容量按地铁远期用电量设计。为便于运营管理和减少损耗，要求集中式供电的主变电所的站位和分散式供电的电源点，尽量靠近地铁线路，以减少引入地铁的电缆截面面积及电缆通道的距离，尽量减少电缆通道和城市地下管网的交叉和干扰。

地铁供电系统电压等级，有以下几种。

① 交流 110kV、63kV：主变电所从城市电网引入的进线电源电压，其中 63kV 电压等级为东北地区电网所特有。

② 交流 35kV：上海、广州、香港、南京、深圳地铁的牵引供电系统电源电压皆为这一电压等级。35kV 这一电压等级在各大城市电网中将逐渐消失，而由 10kV 取代。35kV 电压等级为地铁内部专用，还将继续存在下去。同时，20kV 电压等级也具有潜在的发展趋势。

③ 交流 10kV：牵引供电系统和动力照明系统可用这一电压等级，北京地铁、大连轻轨为这一电压等级。通常把 3～35kV 电压等级称为中压。

④ 交流 380/220V：动力、照明等低压负荷用电的电源电压。

⑤ 直流 1500V：一般为架空接触网的电源电压。

⑥ 直流 750V：接触轨（第三轨）的电源电压，轻轨线路的架空接触网也采用这一电压等级。

⑦ 直流 220V：变电所操作电源、应急照明电源电压。

⑧ 直流 110V：变电所操作电源电压。

由以上各种不同等级的电压构成城市轨道交通完善、适用、安全、可靠的供电系统，以保证地铁正常运行所必需的电能供应。

复习思考

1-1. 简述城市轨道交通的概念及其分类。

1-2. 简述城市轨道交通的设备系统。

1-3. 简述城市轨道交通供电系统的功能。

1-4. 简述城市轨道交通供电系统的构成及其各部分功能。

1-5. 简述城市电网对城市轨道交通供电系统的供电方式种类、概念及其优缺点。

1-6. 简述牵引供电系统供电方式种类、概念及应用。

1-7. 城市轨道交通供电系统对电源有哪些基本要求？

1-8. 城市轨道交通供电系统的电压等级有哪些？

阅读材料

一、世界地铁起源于哪里？

19 世纪中期，蒸汽机车已经在英国普遍使用，各大城市间的铁路基本铺好。从全国各地通向伦敦的火车轨道一直铺到了城市的边缘，伦敦人可以轻松地到达英国各地，而伦敦市内的主要交通工具还是马车，出租马车价格非常昂贵。从1800年到1831年间，伦敦人口从不足100万上升到175万，几乎翻了一番。交通成了伦敦的一大难题。一位名叫查尔斯·皮尔森的律师提出了一个修建"伦敦中央火车站"的设想，一群承包商提出要在伦敦修建一条地下道路的提案。不久，这两个提案被结合起来，形成了我们今天所熟悉的地铁的概念：在地下通行的火车。当时的地道挖掘方法也很笨拙：先把地铁途经的地上部分住户全部搬迁，工人们从地面向下挖掘一条宽10m深6m的大壕沟，用黄砖加固沟壁，再搭成拱形的砖顶，然后将土回填，在地面上重建道路和房屋。这个工程拆毁了不少房屋，兴师动众，耗资巨大。为了把蒸汽机车排出的浓烟引出地下，建好的隧道还要钻出通风孔。1862年，长4.8km、7个停靠站的地下铁道基本完工了。由铁路公司提供的蒸汽机车开进了地下，大约40名官员乘坐在没有顶棚的木制车厢里进行了第一次巡游。1863年1月10日，地铁开放，第一天的乘坐总数就达到了4万人次。按照当年7月的统计，在地铁向公众开放的前6个月里，乘坐数目达到477万人次，平均每天有2.65万人次乘坐。地下铁路成为伦敦历史上第一个多数市民可以负担和使用的公共交通工具。

二、中国地铁起源于哪里？

中国的地铁始于北京，促成北京地铁建设的一个重要原因是苏联地铁的战备功用对我国领导人的启发。1941年德军大举进犯莫斯科，刚刚建成6年的莫斯科地铁，不但成了莫斯科市民躲避战火的掩体，更成为苏军的战时指挥部。这样，地铁建设进入了我国的视野。我国地铁建设事业起步较晚，其发展经历了一个相当曲折的过程。20世纪50年代，我国开始筹备北京地铁网络建设，于1969年10月建成北京地铁1号线，全长23.6km。随后建设了天津地铁（7.1km，现已拆除重建）、哈尔滨人防隧道等工程。该阶段地铁建设以人防功能为指导思想。20世纪80年代，我国仅有北京、上海、广州等几个大城市规划建设地铁。该阶段地铁建设开始真正以城市交通为目的。20世纪90年代，一批省会城市开始筹划建设地铁。由于项目多且造价高，1995年12月国务院发布《国务院办公厅关于暂停审批城市地下快速轨道交通项目的通知》，暂停了地铁项目的审批。同时，国家计委（现国家发展和改革委员会）开始研究制定地铁交通设备国产化政策。1999年以后，国家的政策逐步鼓励大中城市发展地铁交通，2000年前后，新申请立项准备建设的城市有23个。

三、什么是电力系统？

《电力系统技术导则》（GB/T 38969—2020）给出了"电力系统（Power System）"的定义：由发电、供电（输电、变电、配电）、用电设备以及为保障其正常运行所需的继电保护和安全自动装置、调度自动化、电力通信等二次设备构成的统一整体。

电力系统加上发电厂的"动力部分"称为动力系统。所谓动力部分,包括发电机的原动机(如汽轮机、水轮机)和原动机的力能部分(热力锅炉、水库、反应堆)等。

电力系统中,由各种不同电压等级的输配电线路将升压和降压变电所连接在一起的部分称为电力网。

如图 1-12 所示,为动力系统示意图。

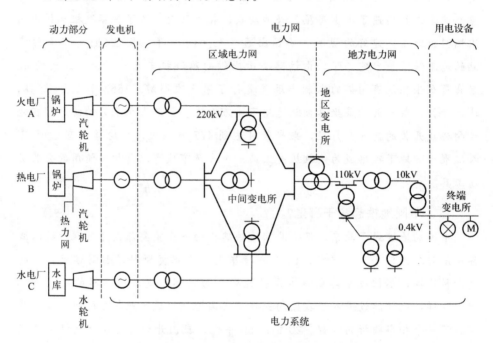

图 1-12 动力系统的示意图

四、电力系统由哪些部分组成?

电力系统由发电厂、变配电所、电力线路和电能用户组成。

1. 发电厂

发电厂按使用能源划分有下述基本类型:火力发电厂、水力发电厂、核能发电厂、风力发电厂、地热发电厂、潮汐发电厂、太阳能发电厂等。

2. 变配电所

变电所的任务是接受电能、变换电压和分配电能,即受电、变压、配电。变电所可分为升压变电所和降压变电所两大类:升压变电所一般建在发电厂,主要任务是将低压电变换为高压电;降压变电所一般建在靠近负荷中心的地点,主要任务是将高压电变换到一个合理电压等级的电压。配电所的任务是接受电能和分配电能,但不改变电压,即受电、配电。

3. 电力线路

电力线路的作用是输送电能，并把发电厂、变配电所和电能用户连接起来。水力发电厂须建在水力资源丰富的地方，火力发电厂一般多建在燃料产地，即所谓的"坑口电站"，因此，发电厂一般距电能用户较远，所以需要多种不同电压等级的电力线路，将发电厂生产的电能源源不断地输送到各级电能用户。通常把电压在35kV及以上的高压电线路称为送电线路，而把10kV及以下的电力线路，称为配电线路。电力线路按其传输电流的种类又分为交流线路和直流线路；按其结构及敷设方式又可分为架空线路、电缆线路及户内配电线路。

4. 电能用户

电能用户又称电力负荷。在电力系统中，一切消费电能的用电设备均称为电能用户。

用电设备按电流可分为直流设备与交流设备，而大多数设备为交流设备；按电压可分为低压设备与高压设备，1000V及以下的属低压设备，高于1000V的属高压设备；按频率可分为低频（50Hz以下）、工频（50Hz）及中高频（50Hz以上）设备，绝大部分设备采用工频；按工作制分为连续运行、短时运行和反复短时运行设备三类；按用途可分为动力用电设备（如电动机）、电热用电设备（如电炉、干燥箱、空调器等）、照明用电设备、试验用电设备、工艺用电设备（如电解、电镀、冶炼、电焊、热处理等）。用电设备分别将电能转换为机械能、热能和光能等不同形式的适于生产、生活需要的能量。

五、电力负荷分类

自2010年7月1日起实施的《供配电系统设计规范》（GB 50052—2009）确定：电力负荷应根据对供电可靠性的要求及中断供电对人身安全、经济损失所造成的影响程度进行分级。

符合下列情况之一时，应视为一级负荷：中断供电将造成人身伤害时；中断供电将在经济上造成重大损失时；中断供电将影响重要用电单位的正常工作时。一级负荷应由双路电源供电，当一电源发生故障时，另一电源不应同时受到损坏。双路电源指的是一个负荷的电源由两个电路提供，这两个电路就安全供电而言被认为是互相独立的。

在一级负荷中，当中断供电将造成人员伤亡或重大设备损坏或发生中毒、爆炸和火灾等情况的负荷，以及特别重要场所的不允许中断供电的负荷，应视为一级负荷中特别重要的负荷。一级负荷中特别重要的负荷供电，除应由双路电源供电外，尚应增设应急电源，并严禁将其他负荷接入应急供电系统。设备的供电电源的切换时间，应满足设备允许中断供电的要求。根据实际需求，独立于正常电源的发电机组、供电网络中独立于正常电源的专用的馈电线路、蓄电池、干电池可作为应急电源。

符合下列情况之一时，应视为二级负荷：中断供电将在经济上造成较大损失时；中断供电将影响较重要用电单位的正常工作时。二级供电负荷最好能由两个电源供电。如果供电条件有困难或负荷较小时，可以用一个6 kV以及6 kV以上的专用线路供电。如果采用电缆供电时，可以另外设一条备用电缆，而且该电缆要经常处于运行状态。

不属于一级和二级负荷者应为三级负荷。三级供电负荷对供电无特殊要求。

第二章
城市轨道交通变电所运营与维护

问题导入

变电所是城市轨道交通供电系统的心脏。《地铁设计规范》(GB 50157—2013) 指出：变电所应分为主变电所、电源开闭所，牵引变电所、降压变电所，牵引变电所与降压变电所可合建成牵引降压混合变电所。那么，这些变电所在地铁供电系统中如何分布？功能如何？接线结构怎样？有哪些电气设备？直流开关柜的结构原理、维护要点是什么？本章将逐一进行介绍。

学习要点

① 理解并掌握主变电所的功能、电气主接线结构及其运行方式、设备概况。

② 理解并掌握降压变电所的功能、电气主接线结构及其运行方式、设备概况。

③ 理解并掌握牵引降压混合变电所的功能、电气主接线结构及其运行方式、设备概况。

④ 能够理解并分析中压供电网络的功能、结构、运行方式。

⑤ 熟悉并掌握直流开关柜的结构、工作原理、运营维护要点。

第一节 ●●● 主变电所运营与维护

一、主变电所功能与类型

城市轨道交通供电系统按一级负荷设计，每条轨道线路由两个主变电所担负供电任务,每个主变电所平时由两路互为备用的独立电源供电,以实现不间断供电。

主变电所从发电厂或城市电网区域变电所获得高压(如110kV)电源,经降压形成35(33)kV或10kV以中压环网形式向布置在沿线的牵引变电所、降压变电所输送电能。每个主变电所的主变压器容量设计满足最大高峰小时负荷的要求,并满足当一个主变电所发生故障(不含中压母线故障)时,另一个主变电所能承担全线牵引负荷及全线动力一、二级负荷的供电要求。

按照电气主接线的不同,主变电所分为两种类型:内桥接线主变电所和线路-变压器组接线主变电所。

按照土建工程的不同,主变电所分为三种类型:地面型主变电所、半地面型主变电所和地下型主变电所。如图2-1所示为地面型和半地面型主变电所图片。

二、主变电所电气主接线及其运行方式

城市轨道交通主变电所,设置两路高压电源进线(110kV),可以都是专线,或者一路专线一路"T"接。设置两台主变压器,变压器接线形式均选用三相Y,d接线,大部分采用110/35kV两线圈变压器,少数由于城市历史原因采用110/10kV两线圈变压器。两台主变压器互为备用,正常情况下并列运行,各承担约50%的用电负荷。

1. 线路-变压器组接线的主变电所

某线路-变压器组接线的主变电所的电气主接线如图2-2所示。

(1) 高压侧电气主接线

线路-变压器组接线就是电源线路和变压器直接相连,是一种最简单的接线方式。如图2-2正常运行方式下,两路线路各带一台主变压器,即1号进线电源Ⅰ通过隔离开关1011和断路器101为1号变压器1B提供电能;2号进线电源Ⅱ通过隔离开关1022和断路器102为2号变压器2B提供电能。正常情况下,两路电源同时供电,两台主变压器同时工作,中压侧的母线分段断路器(简称母联断路器)300分闸,Ⅰ段母线和Ⅱ段母线相互独立工作。

如图2-2所示,当一台主变压器(如1B)或者一条电源线路(如电源Ⅰ)有故障时,可通过301分闸、3011分闸、101分闸、1011分闸的系列操作,使得变压器1B和电源Ⅰ退出运行。闭合母线分段断路器300完成中压侧转移负荷操作,由另一路进线电源(如电源Ⅱ)、主变压器(如2B)承担本变电所

(a) 地面型主变电所

(b) 半地面型主变电所

图 2-1 地铁线路的主变电所

范围内的全部一、二级用电负荷，对相邻变电所无影响。这种方式适合于本变电所的一、二级负荷的负载率较低的情况。

当故障变电所的一、二级负荷的负载率高，一台主变压器或者一条电源线路因故障退出运行时，需要通过相邻主变电所联络来转移部分负荷，实现相互支援。

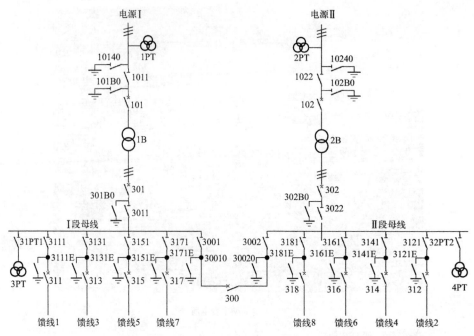

图 2-2 某线路-变压器组接线的主变电所主接线图

线路-变压器组接线只配置两个设备单元,断路器少,接线简单,运行可靠、经济,有利于变电所实现自动化、无人化,节省造价。电源线路故障检修停运时,变压器将被迫停运,对变电所的供电负荷影响较大。

(2) 中压侧电气主接线

主变电所中压侧均采用单母线断路器分段接线。图2-2中,母联断路器300将母线分成两段,分别称为Ⅰ段母线和Ⅱ段母线。1号变压器1B通过断路器301和隔离开关3011将中压电能输送至Ⅰ段母线,并通过馈线断路器311、313、315、317分别将中压电能输送至地铁沿线的降压变电所和牵引降压混合变电所。2号变压器2B通过断路器302和隔离开关3022将中压电能输送至Ⅱ段母线,并通过馈线断路器312、314、316、318分别将中压电能输送至地铁沿线的降压变电所和牵引降压混合变电所。

根据城市电网的要求,不允许两路110kV电源在主变电所中并联。因此,在两路110kV电源同时供电的情况下,中压侧两段母线分列运行,即母联断路器300断开。

地铁沿线的降压变电所和牵引降压混合变电所可以从不同母线段取得中压电源。当主变电所一段中压母线失电时,通过闭合母联断路器300,另一段中压母线可以迅速恢复对降压变电所和牵引降压混合变电所供电。在闭合母联断路器300的情况下,电源和主变压器仅能有一路工作。

2. 内桥接线的主变电所

某内桥接线的主变电所电气主接线如图 2-3 所示。

（1）高压侧电气主接线

如图 2-3 所示，该主变电所 110kV 侧采用内桥接线，即 110kV 进线电源中，电源Ⅰ经过 1214 隔离开关、121 断路器、1211 隔离开关、1011 隔离开关，联络 1 号主变压器，形成 1 号系统；电源Ⅱ经过 1264 隔离开关、126 断路器、1262 隔离开关、1022 隔离开关，联络 2 号主变压器，形成 2 号系统；在 1 号系统和 2 号系统之间，由 1001 隔离开关、100 断路器、1002 隔离开关形成连接桥，构成内桥接线。连接桥与主变压器之间仅有隔离开关，与进线电源之间有断路器，称为内桥接线；连接桥与进线电源之间仅有隔离开关，与主变压器之间有断路器，称为外桥接线。

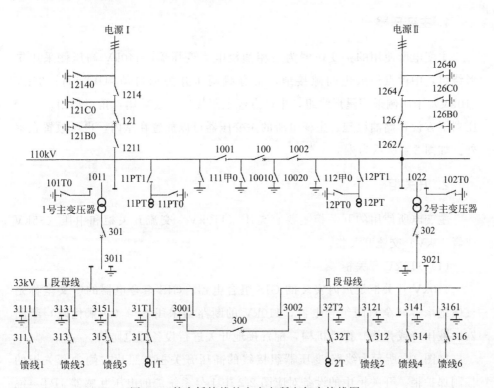

图 2-3　某内桥接线的主变电所电气主接线图

正常运行时桥断路器 100 断开，类似于线路-变压器组接线，两路进线电源各带一台主变压器。两路电源同时供电，两台主变压器并列运行。

因内桥接线的电源线路侧装有断路器，电源线路的投入和切除十分方便。当电源线路发生故障时，只需断开故障线路的断路器（121 或者 126），不会影响另一回路电源线路的正常运行。当仅有一路电源线路供电时，可以合上桥断路器 100 由一路电源线路带两台主变压器。当任意一台主变压器故障时，则与该变压器连接的两台断路器都要断开，从而影响了另一回路未故障线路的正常运行。另外，桥断路器检修时，电源线路需较长时间停运；出线断路器检修时，电源线路也需较长时间停运。

根据城市电网的要求，不允许两路 110kV 电源在主变电所中并联。因此，在两路 110kV 电源同时供电的情况下，桥断路器 100 处于分闸状态，中压侧两段母线分列运行，即母联断路器 300 断开。

(2) 中压侧电气主接线

该主变电所中压侧也采用单母线断路器分段接线。结构与运行类似于线路-变压器组接线的主变电所。

三、主变电所的主要电气设备

1. 主变压器

主变电所使用的主变压器为三相油浸电力变压器，110kV 高压侧采用星形绕组，中性点经放电间隙接地，带有载调压开关和自动调压装置；35kV（10kV）中压侧采用星形绕组，中性点经电阻接地，或采用三角形绕组。主变压器下方设置储油设施。主变电所的主变压器可以放置在室内，也可放置在室外。如图 2-4 所示为主变压器。

2. 开关柜

主变电所使用的开关柜主要有高压（110kV）交流开关柜和中压（35kV 或者 10kV）交流开关柜。

(1) 110kV 开关柜

110kV 开关柜是户内安装的 GIS 组合电器。GIS 组合电器的中文全称是气体绝缘金属全封闭组合电器，110kV 的断路器采用 SF_6（六氟化硫）断路器、液压（或弹簧）操动机构，配置接地开关进行设备停电防护。

如图 2-5 所示为线路-变压器组接线的高压开关柜，照片右侧为开关柜的控制保护柜。开关柜中的设备对应图 2-2 中 1 号系统侧的电压互感器 1PT、隔离开关 1011、断路器 101、接地开关 10140 与 101B0、Ⅰ段母线，以及在图 2-2 中未绘制的电流互感器、避雷器等；或者对应图 2-2 中 2 号系统侧的电压互感器 2PT、隔离开关 1022、断路器 102、接地开关 10240 与 102B0、Ⅱ段母线，以及在图 2-2 中未绘制的电流互感器、避雷器等。

如图 2-6 所示为内桥接线的高压开关柜。开关柜中的设备对应图 2-3 中主变压器以上的所有电气设备，包括电压互感器、避雷器、隔离开关、断路器、

(a) 室内放置的主变压器

(b) 室外放置的主变压器

图 2-4　主变压器

母线、电流互感器等。

这些高压电气设备被封装在圆筒形的外壳内，密闭的圆筒形外壳可靠接地，内部充满了规定压力的 SF_6 气体。

(2) 中压开关柜

中压开关柜也采用 GIS 组合电器，均为三相分箱式，中压断路器采用真空断路器，配用操动机构为弹簧储能式或弹簧液压式，隔离开关一般采用三工位隔离开关（具有分闸、合闸、接地三个工作位置），个别采用隔离开关与接地开关的组合。

图 2-5　线路-变压器组接线的 110kV 高压开关柜

图 2-6　内桥接线的 110kV 高压开关柜

中压开关柜从外观上看,有圆筒形和柜形两种,如图 2-7 和图 2-8 所示。

3. 接地电阻

接地电阻作为主变压器二次侧中性点接地电阻,放置在专门房间。

4. 自用电变压器

自用电变压器是变电所内自用电电源,多为干式变压器,安装于一个单独房间。

第二章　城市轨道交通变电所运营与维护

图 2-7　圆筒形 35kV 中压开关柜

图 2-8　柜形 35kV 中压开关柜

在地面、地下城轨主变电所这两种情况下的自用电设备内容有所不同，主要差异在于地下变电所设置有气体灭火系统。主变电所自用电设备包括：变电所的照明设备、变电所的通风设备、变电所的空调、变电所的检修设备、开关设备柜内的照明及电加热器、主变压器温控器、开关设备的操作与继电保护装置、综合自动化设备、火灾报警设备及气体灭火及排气设备（仅地下主变电所设置)。

主变电所照明包括正常照明和应急照明(备用照明),采用交流供电,其中地面主变电所正常照明为二级负荷,地下主变电所正常照明为一级负荷。应急照明为一级负荷中特别重要的负荷。应急照明在正常照明失效时应能保证主变电所正常运行和设备检修所需要的照度要求。

通风设备为二级负荷,采用交流供电,正常的通风条件可保证主变电所电气设备正常运行的温度、湿度环境要求。

空调为二级负荷,采用交流供电。空调一般设于值班控制室和蓄电池室,用于保障运行人员的工作环境条件,保持蓄电池室适宜的环境温度,维持蓄电池的正常使用寿命。

检修设备为二级负荷,采用交流供电,当电气设备出现故障时,为维护、检修提供电源,及时解决电气设备的故障,保证电气设备运行的冗余度。

开关柜内部照明及电加热器为二级负荷,采用交流供电,内部照明为设备维护检查、查找故障隐患提供视觉条件,电加热器用于开关设备除湿,保障设备正常运行。

温控器为一级负荷,属于继电保护的基础设备,采用交流供电,为变压器的温度保护提供报警和跳闸信号。

开关设备的操作和继电保护的电源,属于一级负荷中特别重要的负荷,采用直流供电。具体设备有高压和中压开关设备的电动操作机构、微机综合保护装置、各种信号指示等。

综合自动化设备为一级负荷,采用交流供电,为远方电力调度中心的控制、监视及故障的判断处理提供条件。

火灾报警设备为一级负荷中特别重要的负荷,属于消防设备,正常情况下采用交流供电,报警主机设有直流备用电源。发生火灾时及时报警和控制火情,为减少或避免生命与财产损失创造条件。

气体灭火及排气设备为一级负荷,属于消防设备,采用交流供电,用于电气设备发生火灾时的灭火和火灾后灭火气体的排出。

自用电设备均为低压供电,交流供电设备的负荷等级为一级负荷,因此需要两路低压电源。由于主变电所没有低压开关设备,自用电所需要的交流低压电源需要设置所用变压器。因自用电中有一级用电负荷,这对电源可靠性的要求很高,因而主变电所设置两台所用变压器,如图2-3中的1T和2T。两台所用变压器分接在中压配电系统的不同母线上,变压器中性点直接接地。所用变压器低压侧接至交流电源屏,作为两路交流进线电源。

主变电所自用电接线如图 2-9 所示。

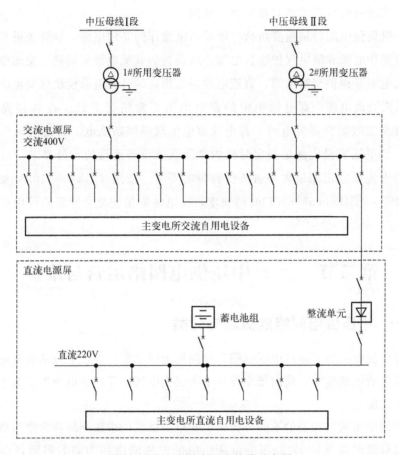

图 2-9　主变电所自用电接线示意图

5．控制室设备

控制室设备主要包括控制屏、信号屏、交流电源屏、直流电源屏、蓄电池柜、计量屏。

控制屏、信号屏是电力监控系统的子站，又称为变电所综合自动化系统。通过监控计算机（无人值守时仅设置监控计算机的接口）实现对整个变电所的监视、控制、测量等功能。同时通过光纤实现与地铁控制中心电力监控系统主站的通信，完成遥控、遥信、遥调、遥测等功能。按照与城市电网的相关协议，控制室安装计量屏实现电能计费。

根据主变电所自用电设备中存在消防负荷的情况，交流电源屏的低压交流接线一般采用单母线分段设分段开关方式。每段母线为消防负荷提供一路电源，消防末级配电设备实施双电源切换。自用电各设备的馈出回路独立设置，为三相四线制放射式配电。进线开关与各馈出开关具备馈出回路过负荷和短路情况下的全选择性。低压配电接地型式采用 TN-S。为消防设备配电的馈出开关在完成过负荷保护动作时报警而不跳闸。

一级负荷中的特别重要负荷,增设蓄电池作为备用电源,如开关设备所需的直流操作电源和继电保护装置电源,由设置的直流电源屏提供。交流电源屏为直流电源屏提供交流电源,直流电源屏采用高频开关电源模块将交流电源整流为所需直流电源,蓄电池柜中的蓄电池组正常情况下处于在线浮充电状态,待交流电源全部失电时,蓄电池放电实现不间断供电。交流电源全部失电时,蓄电池容量应满足规定时间内全所直流设备运行的容量要求,且应满足在蓄电池放电末期最大冲击负荷容量的要求。按照《35kV～110kV 变电站设计规范》(GB 50059—2011)的要求,蓄电池容量满足全所事故停电的时间为 1h。

第二节 中压供电网络运营与维护

一、中压供电网络的概念与分类

中压供电网络是通过中压电缆,纵向把上级主变电所、下级牵引变电所和降压变电所连接起来,横向把全线各个牵引变电所、降压变电所连接起来的一种供电设施。

根据中压网络功能的不同,为牵引变电所供电的中压网络称为牵引供电网络(简称牵引网络),为降压变电所供电的中压网络称为动力照明供电网络(简称动力照明网络)。

牵引动力照明混合网络,是指牵引供电网络与动力照明供电网络共用的中压网络形式。牵引动力照明混合网络采用同一电压等级,并通过公用电源电缆同时向牵引变电所、降压变电所提供中压电能,供电系统的整体性比较好,牵引动力照明混合网络示意图如图 2-10 所示。

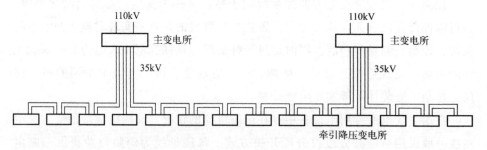

图 2-10 牵引动力照明混合网络示意图

牵引动力照明独立网络，是指牵引供电网络与动力照明供电网络相对独立的中压网络形式，牵引供电网络与动力照明供电网络的电压等级可以相同，也可以不同。牵引网络与动力照明网络相对独立，彼此相互影响较小，如图2-11所示。

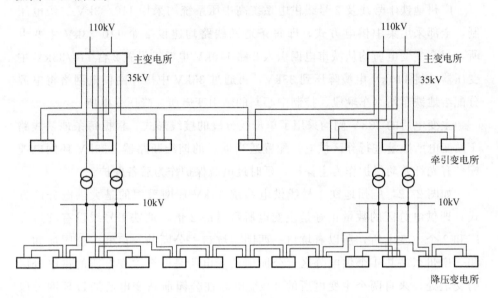

图2-11 牵引网络和动力照明网络相对独立示意图

对于集中式供电系统，牵引网络和动力照明网络可以采用各自独立网络，也可以共用混合网络。对于分散式供电系统，则采用牵引动力照明混合网络。

国内牵引动力照明独立网络出现在上海地铁1号线，为110/35/10kV三级电压制，目前各地新建地铁工程均采用牵引照明混合网络，因此，《地铁设计规范》（GB 50157—2013）指出，中压网络宜采用牵引动力照明混合网络形式。

二、中压供电网络的电压等级

我国现行中压配电标准电压等级有：35kV、20kV、10kV、6kV和3kV。国际标准中压配电标准电压等级有：33kV和20kV。城市轨道交通中压网络电压等级是采用35kV还是采用33kV、20kV或者10kV，要结合外部电源、线路走向、运输能力、站点设置、设备供应情况等诸多因素，进行技术经济比较，选择适合工程实际的电压等级。例如上海、广州部分地铁线路由于历史条件限制成套引进国外设备，因此采用了33kV电压等级；南京、深圳等城市采用了35kV电压等级；北京、长春、大连等城市则采用了10kV电压等级。

三、中压供电网络举例

1. 广州地铁1号线及2号线中压环网举例

广州地铁1号线及2号线供电系统高中压系统均采用110/33kV二级电压制,全部采用集中供电方式,即每条地铁线路均建设2个110/33kV主变电所,每个主变电所均从城市电网引入2路110kV电源,设置2台110/33kV主变压器,将110kV电源降压到33kV,再通过33kV中压环网供电网络将电源分配给地铁车站(车辆段、控制中心)的牵引变电所、降压变电所。

主变电所的33kV侧均采用了单母线分段的接线形式,根据每条地铁线路车站变电所数量进行分区供电,配置适当数量的馈线断路器。33kV环网电缆配备有光纤差动保护作为主保护,延时过电流保护作为后备保护。

如图2-12,广州地铁1号线供电系统33kV环网采用的是大供电分区方式,即供电分区的数量正好是主变电所数量的2倍。地铁1号线设有坑口和广和2个主变电所,所以有坑口—西朗、坑口—公园前、广和—公园前和广和—广州东站共4个供电分区。公园前站变电所是两个主变电所的供电分区的交汇处,来自两个主变电所的33kV电源在公园前站变电所通过环网分段断路器相联络,正常情况下这个环网分段断路器处于分闸状态,称为开环运行。

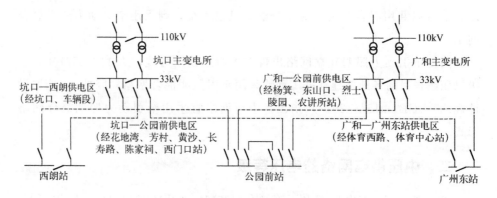

图2-12 广州地铁1号线中压环网示意图

如图2-12,坑口主变电所33kV侧有2段母线、4路馈线,馈线电缆分别交叉给坑口降压变电所及花地湾降压变电所供电;广和主变电所33kV侧有2段母线、4路馈线,馈线电缆分别交叉给体育西路所及杨箕降压变电所供电。公园前站变电所(含控制中心变电所)在正常运行时,电源分别来自坑口和广和2座主变电所。各车站变电所依次分别环接,只有当一个主变电所全所解列时,才由地铁控制中心通过电力监控(SCADA)系统将公园前环网分段断路器遥控合闸，由另一主变电所承担全线的一、二级牵引负荷及动力照明负荷用电。

广州地铁2号线及其他广州地铁线路（如3、4和5号线）供电系统33kV环网采用的是小分区供电方式，即供电分区的数量比主变电所数量的2倍还要多，具体有多少供电分区视供电分区内串接的车站变电所数量而定（一般串接2~4个车站变电所）。地铁2号线设有瑶台和河南两个主变电所，但有瑶台—江夏、瑶台—越秀公园、瑶台—海珠广场、河南—市二宫、河南—中大、河南—琶洲共6个供电分区。由于河南主变电所靠近车辆段，所以车辆段变电所是单独一个供电分区，这样供电分区总数达到了7个。广州地铁3、4号和5号线也类似。

广州地铁2号线工程供电系统示意图如图2-13和图2-14所示。河南主变电所33kV侧有2段母线、8路馈线（不考虑预留），以其中的河南—市二宫供电分区为例，河南主变电所的2条馈线直接给晓港降压变电所2段母线供电，并通过这2段母线及其断路器，向江南西牵引降压混合所2段母线供电，同时通过2段母线及其断路器，向市二宫降压变电所的2段母线供电，在市二宫降压变电所的2段母线通过联络开关（断路器）实现与瑶台—海珠广场供电分区的联络。2个主变电所馈出的33kV电源在市二宫站变电所通过环网分段断路器相联络，2个主变电所可以作为这两个供电分区的33kV电源，实现相互备用。其他供电分区只能由某一个主变电所的两段33kV母线作为33kV电源，实现相互备用。

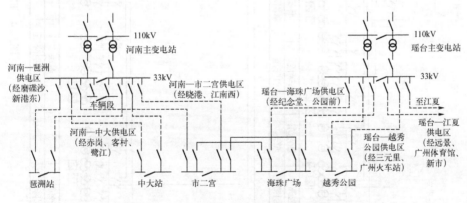

图2-13　广州地铁2号线中压环网示意图一

2. 上海地铁2号线（一期工程）中压环网

(1) 33kV牵引供电网络

① 网络接线。上海地铁2号线一期工程设置了7座牵引变电所。如图2-15所示，其牵引网络构成为：中山公园站、静安寺站牵引变电所的两路33kV电

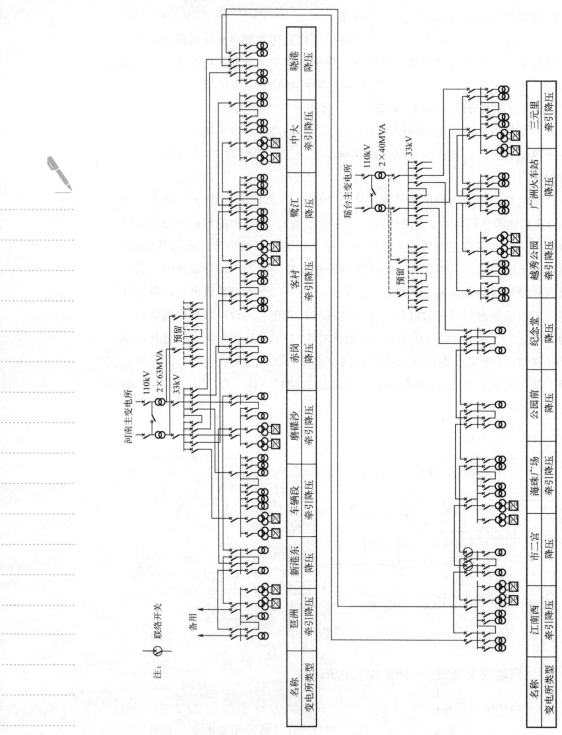

图2-14 广州地铁2号线中压环网示意图二

源分别来自静安寺主变电所的33kVⅠ、Ⅱ段母线；东方路站、中央公园站、停车场牵引变电所的两路33kV电源分别来自中央公园主变电所的33kVⅠ、Ⅱ段母线；人民公园站牵引变电所的两路33kV电源分别来自静安寺主变电所的33kVⅡ段母线和中央公园主变电所的33kVⅠ段母线；陆家嘴站牵引变电所的两路33kV电源中分别引自静安寺主变电所的33kVⅠ段母线和中央公园主变电所的33kVⅡ段母线。

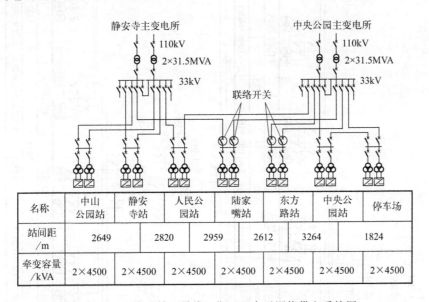

图2-15　上海地铁2号线一期工程牵引网络供电系统图

静安寺主变电所的33kVⅡ段母线用33kV电缆经人民公园站牵引变电所的33kV母线与中央公园的主变电所的33kVⅠ段母线联络；静安寺主变电所的33kVⅠ段母线用33kV电缆经陆家嘴站牵引变电所的33kV母线与中央公园的主变电所的33kVⅠ段母线联络。

② 运行方式。正常情况下，每座主变电所的两路110kV电源和两台主变压器并列运行（两台主变压器同时运行，110kV及33kV侧均不能并联）。主变电所33kV母线分段开关打开，两段母线分列运行。主变电所33kV馈线向牵引负荷供电。

(2) 10kV动力照明网络

① 网络接线。上海地铁2号线一期工程设置了37座降压变电所，共设有6个供电分区，如图2-16所示。其动力照明网络构成为：静安寺主变电所为江苏路站和中山公园站、静安寺站和石门一路站、人民公园站和河南中路站及陆家嘴站三个供电分区供电，江苏路站、静安寺站、人民公园站的降压变电所两路10kV电源分别来自静安寺主变电所的10kVⅠ、Ⅱ段母线，为电源引入点。中央公园主变电所为东方路站和东昌路站、中央公园站和杨高路站、龙东

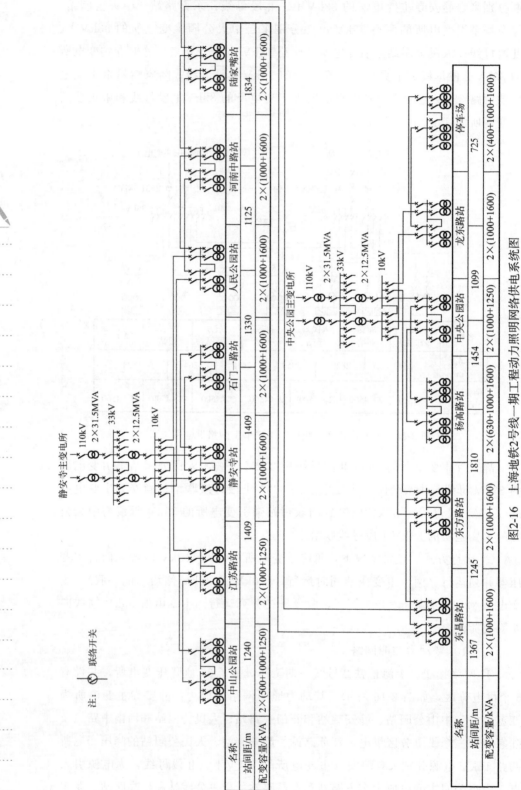

图2-16 上海地铁2号线一期工程动力照明网络供电系统图

路站和停车场三个分区供电，东方路站、中央公园站、龙东路站的降压变电所两路 10kV 电源分别来自中央公园主变电所的 10kV I、II 段母线，为电源引入点。陆家嘴站降压变电所的两路 10kV 电源分别来自河南中路站降压变电所的 10kV I、II 段母线，并有两路 10kV 电缆与相邻的东昌路站降压变电所的 10kV I、II 段母线进行联络。

② 运行方式。正常情况下，每座主变电所的两路 110kV 电源和两台总配电变压器分列运行。主变电所 10kV 母线分段开关打开，两段母线分列运行。主变电所 10kV 母线向动力照明负荷供电。

第三节　　降压变电所运营与维护

一、降压变电所结构与功能

城市轨道交通系统每个车站都应设降压变电所，它是保证旅客旅行中有良好秩序和良好环境的动力供应中心。降压变电所的位置应靠近负荷中心，尽量靠近大负荷空调设施的冷水机组，以缩短电缆长度及减小电缆截面，降低能耗。

车站同时需要设置降压变电所和牵引变电所时，一般将降压变电所与牵引变电所合建成牵引降压混合变电所，在下节予以讲解；在没有牵引变电所的车站则单独建降压变电所。如车站为地面车站，则与地面站务用房合建。

地铁站一般中部为公共区（乘客活动区域），车站两端为设备区，主要电气设备多数集中在两端的设备区内。每座地铁站降压变电所的设置方式一般有以下四种：其一，设置 1 座降压变电所，位置选在车站低压负荷的重负荷端。其二，当车站规模较大时，可以在车站 A 端设置 1 座降压变电所，车站 B 端设置 1 个低压配电室，低压配电室的电源引自降压变电所。车站 A 端（包括站内和邻近区间）电气设备的电源引自降压变电所的低压开关柜，车站 B 端（包括站内和邻近区间）电气设备的电源引自低压配电室的低压开关柜。其三，车站 A 端设置 1 座降压变电所，车站 B 端设置 1 座跟随式降压变电所，跟随式降压变电所的进线电源采用交流 35kV（或 10kV），电源引自 A 端降压变电所。车站 A 端（包括站内和邻近区间）电气设备的电源引自降压变电所的低压开关柜，车站 B 端（包括站内和邻近区间）电气设备的电源引自跟随式降压变电所的低压开关柜。其四，当车站两侧的负荷都比较重时，也可以分别在车站的两侧建立降压变电所 A 所和 B 所。

一个车站设置 1 座降压变电所时，降压变电所平面布置如图 2-17 所示。
地铁的降压变电所与城市电网的 10kV（或 35kV）变电所一样，都是将

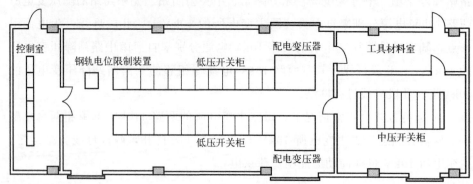

图 2-17 降压变电所平面布置图

中压电能经变压器变为 380/220V 电能供动力照明负荷用电,主要结构与设备和工业与民用建筑降压变电所一样,所不同的就是设有钢轨电位限制装置。在引入电源方面,每座降压变电所均从中压环网引入两路电源,有条件时还应从相邻变电所或市电引一路备用电源,对于特别重要的负荷,如控制系统计算机设备等负荷,还应设蓄电池作为备用电源。

二、降压变电所电气主接线及其运行方式

典型的降压变电所的电气主接线如图 2-18 所示。变电所的中压侧、低压侧均为单母线分段接线,设置母线分段断路器 103 和 803,正常运行时均处于分闸位。设两台动力变压器,其中性点直接接地,分别负责向本变电所所在的半个车站及半个区间内的动力照明负荷供电。正常运行时两台动力变压器分别运行,同时供电,当任一台动力变压器因故障退出运行时,通过低压侧联络开

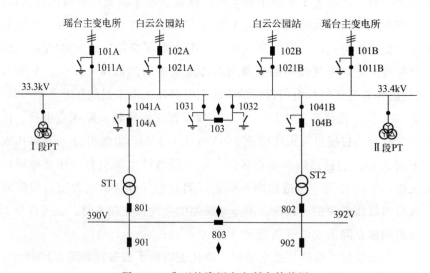

图 2-18 典型的降压变电所主接线图

关 803 的闭合，由另一台动力变压器负担全所一、二级动力照明负荷。

分别在车站的两侧建立降压变电所 A 所和 B 所，其主接线图如图 2-19 所示。一个变电所设置 4 台动力变压器，其中两台动力变压器实施交叉供电，也就是 A 所母线的一个馈线柜给 B 所的一台动力变压器供电，而 B 所母线的一个馈线柜给 A 所的一台动力变压器供电，以此提高供电的可靠性。

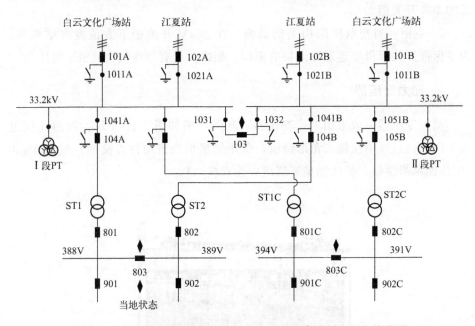

图 2-19 在车站两端分别设置 A 所和 B 所的降压变电所主接线图

三、降压变电所主要电气设备

如图 2-18 所示的降压变电所主要电气设备如下所述。

1. 中压交流开关柜

中压交流开关柜均采用 GIS 开关柜。开关柜中的断路器采用真空断路器配弹簧操动机构或弹簧液压操动机构；开关柜中的隔离开关一般为三工位开关（有分闸、合闸、接地三个工作位置）配用电动机操动机构。

进出线柜：负责与主变电所及相邻混合变电所、降压变电所联系的开关柜。如图 2-18 所示，断路器 101A（101B）、隔离开关 1011A（1011B）为主要设备的 101A（101B）开关柜，通过中压电缆与瑶台主变电所联络，从瑶台主变电所方向获得电能；而断路器 102A（102B）、隔离开关 1021A（1021B）为主要设备的 102A（102B）开关柜，通过中压电缆与白云公园站变电所联络，向白云公园站变电所提供一路电源。

41

① 馈线柜：变电所中压母线连至动力变压器的开关柜。如图 2-18 所示，断路器 104A（104B）、隔离开关 1041A（1041B）为主要设备的 104A（104B）开关柜，通过中压电缆实现中压母线与动力变压器 ST1（ST2）的联络。

② 母联柜：连接变电所两段母线的开关柜，并配有避雷器及电压互感器。如图 2-18，断路器 103、隔离开关 1031 与 1032、电压互感器（PT）为主要设备的 103 开关柜。

③ 空柜：当变电所结构受到影响，在 35kV 开关柜下方位置有结构梁，为了保证开关柜母排连通而增加的柜体。柜内只设有母线气室（SF_6 气体）。

2. 动力变压器

动力变压器一般采用干式变压器，其外形图如图 2-20 所示。绕组连接组别采用 Dyn11（中压侧三角形绕组，低压侧星形绕组中性点接地）或者 Yn0（中压侧星形绕组，低压侧星形绕组中性点接地）。

图 2-20 动力变压器外形图

3. 低压交流开关柜

低压交流开关柜电压等级均为 0.4kV，一般采用抽屉式空气开关柜。其工作状态如图 2-21 所示。

4. 控制室设备

控制室设备主要包括控制屏、信号屏、交直流电源屏，以及按照要求安装在控制室内的计量屏和保护屏。

图 2-21　0.4kV 开关柜工作状态图

四、降压变电所的自用电

1. 自用电设备

降压变电所自用电设备包括：变电所的检修设备、开关设备柜内的照明及电加热器、配电变压器温控器、中压开关设备的操作与继电保护装置（采用断路器）、变电所综合自动化设备、气体灭火及排气设备（仅地下变电所设置）。

2. 自用电设备负荷分级和供电制式

与主变电所相比较，降压变电所的自用电设备减少了火灾报警设备，变电所照明、通风和空调设备等。中压开关设备采用断路器作为分断设备时，其操作和继电保护的电源属于一级负荷中特别重要的负荷，采用直流供电。若采用电动隔离开关，其操作电源为一级负荷，可采用交流供电。其余的负荷种类是相同的。同类负荷的负荷等级和供电制式与主变电所的相同。

3. 自用电设备的供电

交流电源屏的两路交流进线电源由低压开关设备不同母线提供，交流电源屏低压接线采用单母线接线形式，在电源进线处设置电源自动转换装置。

其余相关内容与主变电所相同。

降压变电所自用电接线如图 2-22 所示。

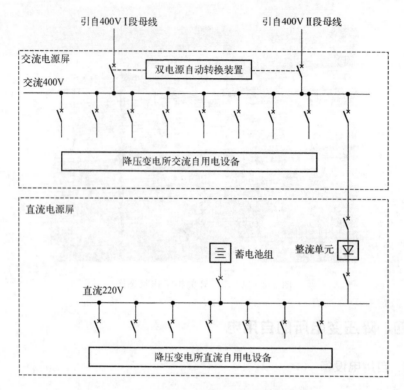

图 2-22 降压变电所自用电接线示意图

第四节 牵引降压混合变电所运营与维护

牵引变电所是牵引供电系统的核心。牵引变电所的数量、容量和设置的距离是根据牵引计算的结果，经过经济技术比较后确定的。它们一般设置在城市轨道交通沿线若干车站及车辆段附近。每个牵引变电所按其所需容量设置两组牵引整流机组并列运行，当沿线任一牵引变电所故障解列时，由两侧相邻的牵引变电所共同承担该区段的全部牵引负荷。

牵引变电所的容量和设置的距离一般需考虑以下设计原则和技术条件。

① 正线任一牵引变电所故障时，其相邻牵引变电所应采用越区供电方式，负担起该区段的全部牵引负荷，此负荷应满足远期高峰小时负荷。

② 牵引变电所的数量及其在线路上的位置，应满足在事故情况下越区或单边供电时，接触网的电压水平。

③ 在任何运行方式下，接触网最高电压不得高于最高值，高峰小时负荷时，全线任一点的电压不得低于最低值，具体数值参见表 1-2。

牵引变电所往往与降压变电所合建，成为牵引降压混合变电所。平面布置图如图 2-23 所示。

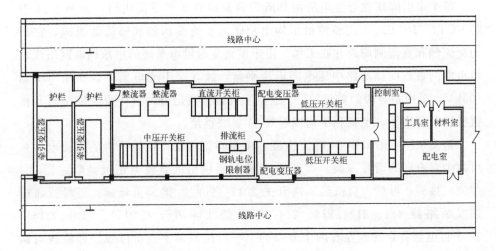

图 2-23　牵引降压混合变电所平面布置图

一、牵引降压混合变电所电气主接线及其运行方式

某牵引降压混合变电所的电气主接线如图 2-24 所示，交流中压侧和交流低压侧接线形式均为单母线分段接线。

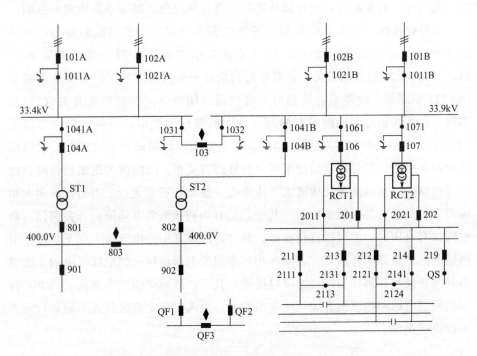

图 2-24　典型的牵引降压混合变电所主接线图

以动力（降压）变压器 ST1 和 ST2 为核心构成的降压部分，结构与运行方式同降压变电所，这里不再详述。

每个牵引降压混合变电所按其所需容量设置 2 组整流机组，如图 2-24 中的 RCT1、RCT2。2 组整流机组均由相同的整流变压器和整流器组成，它们的交流侧和直流侧均为并联工作。由于城轨交通供电系统的中压供电网络或者城市电网很难保证两路中压电源电压平衡，故在牵引变电所中，交流中压侧（35kV）采用不分段的单母线，2 组整流机组并联运行，这样也可以使两套整流机组负荷均衡，也有利于构成等效 24 脉波整流。

整流机组一般采用 24 脉波整流，多相整流可获得比较平滑的直流电，并可减少对电网的谐波污染。如图 2-24 整流器输出的直流电正极经断路器 201（202）接到正母线，负极经隔离开关 2011（2021）接到负母线。正母线通过馈线断路器 211、212、213、214，以及馈线隔离开关 2111、2121、2131、2141 将电能分别送到左右两个方向的上下行接触网上；负母线经回流线与钢轨相连。电动车组的受电弓与接触网接触滑行时，其牵引电动机就可从整流机组获得 1500V（或者 750V）的直流电。

当其中一套机组因故退出运行时，另一套机组在具备运行条件时不应退出运行。该运行条件指：牵引整流机组过负荷满足要求；谐波含量满足要求；不影响故障机组的检修。如果这些条件能满足，那么一套牵引整流机组维持运行，既可保持列车运行，还可降低能耗、降低轨电位、减少杂散电流的影响。

为简化接线，牵引变电所的直流馈线侧不设置备用的馈线断路器，如图 2-24 纵向电动隔离开关 2113、2124 作为牵引变电所 4 路馈线断路器 211、212、213、214 的备用开关，正常运行时均处于分闸位。当某一台馈线断路器（如 211 断路器）故障或者检修时，可以通过闭合纵向电动隔离开关（2113）实现一台馈线断路器同时对车站两个方向的接触网供电。当两台馈线断路器（如 211、213）同时故障或者检修时，闭合纵向电动隔离开关（2113）可以构成大双边供电。当整座牵引变电所（含隧道开关柜）故障解列退出运行时，也可以由纵向电动隔离开关构成大双边供电，使地铁正常运行。当然，纵向电动隔离开关操作是有联锁条件的：其一，只有当确认纵向电动隔离开关两侧的牵引网没有电压时，才可以进行操作；其二，故障牵引变电所向上（下）行牵引网馈电的 2 路馈出开关与左右两侧相邻牵引变电所向同一馈电区供电的 2 路馈出开关皆处于分闸状态时，才可以操作；其三，故障牵引变电所向上（下）行牵引网馈电的两路馈出开关处于分闸状态，由调度确定该区间无车辆运行时才可以进行操作。

二、牵引降压混合变电所主要电气设备

降压变电所部分的主要电气设备包括交流中压开关柜、交流低压开关柜、动力变压器等，上节已作讲解，这里不再重述。

1. 整流机组

整流机组是地铁牵引降压混合变电所最重要的设备，由整流变压器和整流器组成。其作用是将环网电缆 35kV AC（或 33kV AC、10kV AC）电压降压为高频正弦波交流 1180V，再整流输出近似于直流的 1500V，经输电网上电动隔离开关给接触网供电，实现直流牵引。

整流装置的高次谐波对电网、通信等系统都会产生较大影响，对于大功率整流装置，相数越多，产生的谐波量就越小。综合成本等因素考虑，目前常用的整流装置都是采用单柜 12 脉波整流（由两个三相 6 脉波全波整流桥并联组成），牵引变电所内一般由两套整流装置并联运行构成等效 24 脉波整流。通过计算结果可知：24 脉波整流电流谐波总量比 12 脉波整流谐波总量减少了 50% 以上；此外，24 脉波整流的电流谐波频率高（23、25 次谐波以上），可以降低工程滤波费用。这种做法也有利于提高功率因数，降低输出直流电压的纹波系数。

整流变压器为干式变压器，外观如图 2-25 所示。

图 2-25　整流变压器外观图

整流变压器的内部结构如图 2-26 所示。变压器每柱为四线圈结构，两两上下叠装，通过夹件、垫块将绕组压紧。垫块与夹件间采用压钉结构，垫块与绕组间以硅橡胶板压紧，形成一个弹性缓冲结构。线圈的轴向采用螺栓压紧垫块，此种结构可保证每个垫块紧固无松动，可避免由于夹件或线圈端部不平整而造成受力不均的现象发生。为保证每个冷却气道的有效利用，在线圈绕制时，即对冷却气道、垫块位置进行计算，以保证上、中、下三层垫块压紧时，不堵住冷却气道，保证冷却气道保有最高效率。每个垫块上都附有硅橡胶板，对线圈起着缓冲防震的作用，降低绕组与铁芯共振所产生的噪声。变压器下部装设小车，便于变压器整体纵向或横向移动，并能固定安装，顶部设置起吊用吊环。

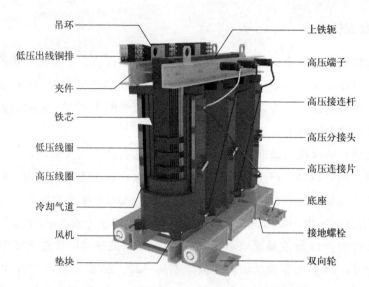

图 2-26 整流变压器的内部结构示意图

高压线圈为多层分段圆筒式、两线圈（△接）并联轴向双分裂、中部出线结构。线圈采用铜导线绕制，玻璃纤维作加强，在真空下用 H 级环氧树脂浇注，具有外表美观、绝缘性能好的特点，并且具有极好的耐湿性能，防污染，可在恶劣环境中正常运行，机械强度高，抗短路性能好，难燃，当工作温度发生剧烈变化时，线包表面不会开裂。

低压线圈为轴向双分裂结构，且各设一个冷却气道，低压线圈利用同一内模分开绕制，使得线圈内、外径尽量相同，冷却气道内外尺寸相同，确保单组阻抗的平衡及散热要求。线圈采用铜导线绕制，玻璃纤维作加强，在真空下进行 H 级环氧树脂浇注，其工艺与高压线圈相同。

变压器的低压线圈中，上线圈温升会高于下线圈温升，因此在温升设计时以上线圈为准。由于两组低压线圈匝数不一致，在高压线圈上采取上、下线圈匝数不一致的方式，保证变压器的电压比稳定，并在高压线圈上主绕组和移相线组上均设置分接头，以有效地保证各挡分接的电压比。在高压线圈首末端均加强绝缘，减小雷电冲击对变压器的损坏。

根据地铁潮湿的使用环境，变压器铁芯表面使用黑色环氧树脂漆。该漆防锈能力强，能有效保证铁芯不生锈。

在牵引变电所中，整流器实际上是由两面整流器柜来实现。整流器柜采用 1200mm×1200mm×2300mm（宽×深×高）的金属屏柜，柜体无焊接，全部采用螺栓连接。在柜体的前后门下部开有进气网孔，上部设有散热通风孔，两侧封盖。柜体经电镀锌处理，防腐性强，表面用静电塑料喷粉。

整流器柜结构图如图 2-27 所示，包括仪表（交流输入电压表、直流输出电流表、直流输出电压表)、按钮及指示灯、保护电源指示灯、加热按钮、加热切除按钮、凝露指示灯、复位按钮、故障指示灯、故障信息显示屏（快速熔断器熔断显示、霍尔传感器电源故障显示、整流器超温显示、整流器最热点温度显示)。

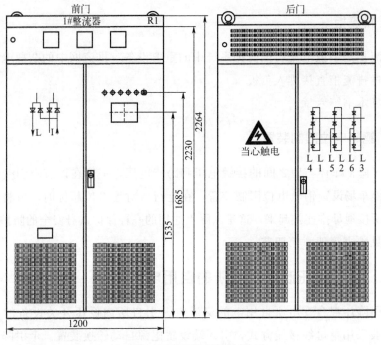

图 2-27　整流器结构图

2. 直流开关柜

① 进线柜（正极柜）：进线柜是用于连接整流器正极与 1500V（或 750V）正极母线间的开关设备，实现整流机组向 1500V（或 750V）直流正极母线馈电的控制。

② 馈线柜：馈线柜是安装于 1500V（或 750V）直流正极母线与接触网上网隔离开关之间的设备，柜体配置 1500V（或 750V）正极母线、断路器及相关控制、保护设备，实现对 1500V（或 750V）直流母线向接触网馈电的控制和保护。柜内装设手车式直流快速断路器，手车能方便地拉出和推入，且应具有"运行""试验""移开"三个明显的位置和标志。

③ 空柜：由于变电所结构影响，在 1500V（或 750V）直流开关柜下方位置有结构梁，为了保证开关柜母排连通而增加的柜体。

④ 负极柜：负极柜是连接于整流器阀侧（负荷侧）负极与回流钢轨之间的开关设备，柜内装设手动隔离开关，开关柜前部设可挂锁的金属门，上部有一个低压组件室。

⑤ 端子柜：端子柜是专门用于放置双边联跳保护的联跳继电器及联跳端子排的柜体，接触网电动隔离开关与直流馈线开关的闭锁继电器、低阻抗框架保护装置及端子排也放置在本柜内，端子柜与馈线柜并排放置。

详见本章第五节。

3. 排流柜

排流柜是杂散电流腐蚀防护系统中的重要设备，排流网中的杂散电流过大时，通过排流柜直接排入负极。

详见本书第六章。

4. 钢轨电位限制装置

为了降低车体与地之间的接触电压和跨步电压，一般在设有牵引变电所的车站和停车场设置钢轨电位限制装置，在走行轨对地电位超标时，可将走行轨和变电所接地母排连接起来，这是国际上通用的一种保护人身安全的防护措施。

详见本书第四章第四节。

三、牵引降压混合变电所的自用电

牵引降压混合变电所自用电的交流电源引自所内低压开关设备的不同母线，一般采用单母线接线方式，引入端设置电源自动转换装置。牵引降压混合变电所自用电接线如图 2-28 所示，其余内容同主变电所。

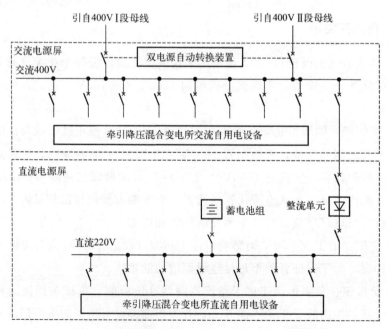

图 2-28　牵引降压混合变电所自用电接线示意图

第五节　直流开关柜操作与维护

地铁变电所中的直流开关柜包括750V、1500V两种电压等级,基本形式包括断路器柜、隔离开关柜两种。从功能上来划分,大多数地铁工程所需直流开关柜设备主要由以下5种柜体组成：进线柜、馈线柜、负极柜、端子柜及钢轨电位限制装置。本章以镇江大全赛雪龙牵引电气有限公司生产的KMB金属封闭式直流开关柜（断路器柜）、天津保富电气有限公司生产的TracFeed TdX直流开关柜（断路器柜）为例进行介绍。开关柜柜体按顺序立于平坦地面上。操作仅可从前面进行,因此设备可以带后板及侧板放置于设备空间墙体前,工作状态如图2-29所示。

图2-29　直流开关柜工作状态图

一、直流开关柜的基本结构

直流开关柜是一种空气绝缘、金属封闭式、户内成套的设备,由一系列标准化单元组成,以断路器柜为例,主要有低压室、断路器（手车）室、母线室、电缆室等,如图2-30所示（左侧为正面、右侧为背面）。

1. 断路器室

断路器室中的主要设备是直流断路器,它安装在抽出式断路器手车上,手车配置了机械闭锁机构、手车导轨、手车接地触点等部件,使得直流断路器及手车可以很方便地拉出到试验位、隔离位,也可以方便地推入工作位。

抽出式断路器手车上除了安装有直流断路器,还有分流器、线路测试装置（仅安装于馈线柜）、断路器控制装置等设备,通过标准的航空插头、二次回路电缆与柜体左上方低压室中的二次回路连通,用于实现对断路器的控制监视及相应直流一次主电路的继电保护功能。该手车上的断路器移动触头与母线室的固定触头可以实现一次主电路的断开或接通。

断路器手车有三个位置,分别是工作位、试验位和隔离位。在"工作"位

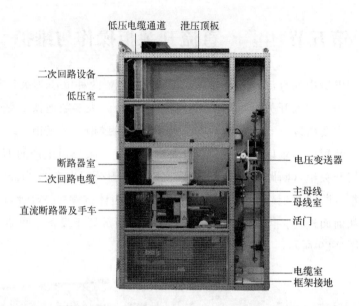

图 2-30 KMB 直流开关柜柜体结构图

置,无论是一次主电路电缆还是二次回路电缆都与相应的接口完全连接,并且断路器处于正常工作状态;在"试验"位置,一次电缆断开,并与相应的母排保持一个特定的安全距离,活门被关闭,只有二次回路仍然接通;在"隔离"位置,手车、断路器及其控制线路被完全从手车室中拉出来,所有线路均被切断。当断路器处于合闸位置时禁止断路器手车被移出"工作"位置,这是通过电气及机械互锁来实现的。活门是置于断路器手车与母线室和电缆室间的可活动的隔板,可在操作断路器时自动打开及闭合,当手车处于"试验"位置时,活门关闭并闭锁,使断路器手车触头不能插入,防止活门因误操作而从柜前碰到断开的电缆室固定触头。

断路器手车在"工作"位置和"试验"位置的变换是通过一个机械机构实现的。断路器室门是手车抽出(进入)断路器室的出入口,与手车位置联锁。当手车在"工作"位置或在"工作"位置和"试验"位置之间的中间位置时,门将被闭锁在关闭位;当断路器处于"试验"位置时,柜门可打开并可抽出手车(这里必须强调,只有当断路器处于分闸状态时,才可将手车拉出至柜体外部)。移出的手车在推入开关柜时,首先移动至"试验"位置,此时须关闭柜门才能旋转手车操作手柄移动手车,使之到达"工作"位置。

断路器手车拉出状态如图 2-31 所示。

2. 母线室

母线室位于柜体后部,母线室包含与手车上部动触头相接触的静触头和母排。

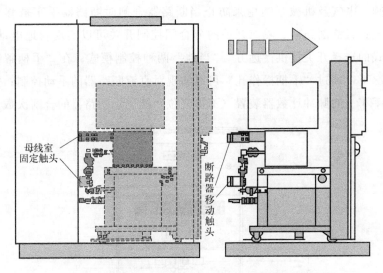

图 2-31 断路器手车拉出示意图

母线室与断路器室之间用绝缘隔板隔开，为了方便维护人员进入母线室维护，绝缘隔板都配有手柄。

测量线路馈线电压的电压变送器装置安装在柜体的固定部分，与手车是分离状态，便于手车抽出时能继续保持测量。

3. 低压室

低压室位于直流开关柜上部，安装有控制设备（二次系统，包括测量、控制电路等）。低压室有一个单独的隔离门，测量电路后面也安装有绝缘板，实现与 1500V（或 750V）主电路的隔离，保护操作人员安全；低压室不包含任何潜在的主电路（无馈线电压/无负回流电压）；一次主回路电压总是通过适当的额定电压变换器与二次回路隔离；就地控制装置（分合闸控制开关等）安装在低压室门板上。

4. 电缆室

电缆室位于柜体后部，它包括主回路的电缆连接排、固定触头（与可抽出的手车下部触头相接触）、馈线电缆接地固定点。电缆室通过绝缘板与断路器室隔开，为了方便维护人员进入电缆室维护，绝缘隔板都装配有手柄。

直流开关柜的正面布置情况如图 2-32 所示。这是一台馈线柜，有断路器和隔离开关两台高压设备。通过断路器室门上的观察窗可清楚地看到断路器手车的位置。直流断路器、直流隔离开关代号（如"201、202、211、2111、212、2121"等）是该断路器、隔离开关在电气主接线中的代码；直流断路器、隔离开关位置指示器"ON"（红）或"OFF"（绿）表明了其工作位置为合闸或者分闸；电气及机械互锁用来防止当断路器合闸时断路器手车被移出"工作"位置；直流断路器、隔离开关的分合闸控制开关可以实现就地电动控制；控制模式的选择开关提供"远方""当地"两种控制模式；在"手柄解锁"允许的情况下，通过"手柄操作孔"可以实现对直流断路器的手动控制；安装在断路器手车上的脉冲计数器装置（不可复位）能记录断路器的合闸次数。

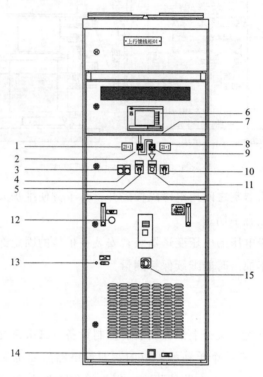

图 2-32　直流开关柜正面视图

1—直流断路器代号；2—直流断路器位置指示器；3—手车解锁按钮；4—故障复位按钮；5—直流断路器分合闸控制开关；6—显示单元；7—正极母线（示意图）；8—直流隔离开关代号；9—直流隔离开关位置指示器；10—控制模式选择开关；11—直流隔离开关分合闸控制开关；12—紧急分闸按钮；13—手柄解锁；14—机械解锁；15—手柄操作孔

直流开关柜的安装如图 2-33 所示。作为杂散电流防护的一种重要措施，直流开关柜必须绝缘安装，推荐最小绝缘阻值为 1MΩ（1000V）。具体措施包括：在将直流开关柜固定在地面期间，务必避免框架和电气接地部分的任何接触；在直流开关柜与变电所地坪之间，通过厚度为 2~5mm 的绝缘垫来确保绝缘；为便于断路器手车自由进出柜体，绝缘垫一般伸出直流开关柜周围2cm；同时，若直流开关柜中设有避雷器，则避雷器应与大地或负极直接相连。此外，为保证框架泄漏的保护功能的实现，直流开关柜柜体还要通过一个低阻抗继电器接地。

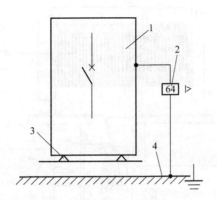

图 2-33 直流开关柜安装示意图

1—直流开关柜；2—低阻抗继电器；3—对地绝缘；4—大地或接地网

各个直流开关柜的操作均须遵循已确定好的联锁关系进行。任何情况下隔离开关不能带负荷操作，由于负极柜中仅有隔离开关，因此通常情况下直流牵引侧送电先后顺序依次为负极柜、正极柜、交流断路器，最后是馈线柜，直流牵引侧停电顺序则相反。

二、直流断路器

断路器手车上安装的直流断路器，其外观如图 2-34、图 2-35 所示，结构如图 2-36 所示。它是一种双向、单极单元电气元件，采用了电磁吹弧、电动操作系统、直接瞬时过流脱扣、间接快速脱扣（用户可选项）和空气自然冷却方式等技术。间接脱扣器由一个线圈和一个电子控制装置组成，线圈固定在断路器上，电子控制装置（由放电电容和电子开关组成）单独安装。1000～6000A 的断路器，其响应时间仅为几毫秒。

图 2-34 HPB45 系列直流断路器和 HPB60 系列直流断路器

图 2-35 UR26/36/40 系列直流断路器

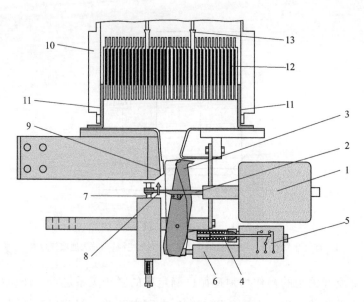

图 2-36 UR36 直流断路器结构图

1—合闸装置；2—拨叉；3—动触头（主触头）；4—动推杆；5—辅助触头；
6—止动器；7—过流释放杆；8—举起力；9—静触头（主触头）；
10—灭弧室；11—角板；12,13—灭弧栅

1. 直流电弧熄灭原理

与有自然过零点的交流电弧不同，直流电弧只能靠强制使电流为零来熄灭，在电弧能量不变的前提下，促使电弧电流接近于零，意味着必须提高电弧电压，使之高于断路器的工作电压。可以通过合理的措施迅速提高电弧电压，如在中、低压直流回路中使用电磁吹弧断路器，从而达到灭弧的目的。对高压直流回路，必须相应地降低电压和电流，对要求分闸更快的断路器，通过加接 RC 谐振电路产生人工电流零点来灭弧，如图 2-37 所示，这需要非常精确和可靠的电子技术。

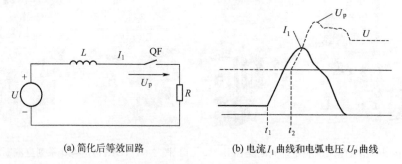

(a) 简化后等效回路　　(b) 电流 I_1 曲线和电弧电压 U_p 曲线

图 2-37 直流灭弧原理

t_1—短路发生时刻；t_2—触头分离时刻

以瑞士赛雪龙公司生产的 UR 系列直流断路器为例，当断路器跳闸后，主回路磁场将动、静触头之间产生的电弧吹入灭弧室，灭弧室采用冷阴极设计，由许多相互绝缘的灭弧板（金属栅片）组成，一旦电弧进入灭弧室，就被金属栅片分裂为许多串联的小弧段。因为每两块灭弧板之间的电压降约为 40V，所以总的电弧电压便大大增加（电弧电压取决于灭弧板的数量，一般不超过额定电压的 2 倍），电弧电流大大减少，从而使电弧得以迅速熄灭。燃烧的气体从上端逸出，并在位于金属灭弧板上部的绝缘板之间被强化去游离而熄灭。

鉴于直流电弧熄灭比较困难，应当尽量避免直流断路器盲目合闸。当直流断路器合闸送电时，必须预先进行线路测试，即首先通过线路测试装置对将要合闸送电的线路进行绝缘性能测试，绝缘测试合格，则给断路器送出合闸命令；绝缘测试不合格，则闭锁断路器，禁止合闸。当运行的线路跳闸后，禁止盲目重合闸，只有通过线路测试，确认短路清除，断路器才能自动重合闸。

2. 直流断路器分合闸工作原理

直流断路器根据其维持合闸状态（合闸保持）原理及分闸控制原理的不同，分为电保持型（E 型）和磁保持型（M 型）两种。

（1）合闸

如图 2-36 所示，当直流开关柜的二次系统接收到一个合闸脉冲，合闸装置 1 推动拨叉 2 使动触头 3 合上，并且使动触头 3 压紧静触头 9。动触头 3 带动动推杆 4 移动并使辅助触头 5 变位。合闸时的震动力会被止动器 6 吸收。

（2）合闸保持

如图 2-36 所示，一旦动触头合上，动触头压紧静触头的压力将由合闸装置 1 提供。电保持型（E 型）直流断路器通过在合闸线圈所在的回路中串入电阻使合闸电流降低 5%，该电流足以维持动触头压紧静触头的合闸状态；磁保持型（M 型）直流断路器依靠永久电磁铁维持动触头压紧静触头的合闸状态。

（3）分闸

断路器分闸可通过两种方式实现。

其一，通过安装于断路器本体上的大电流脱扣保护装置的过流脱扣命令。过流脱扣命令的实现方法是：某个电流超过了最大电流设定值，如图 2-36，过流释放杆 7 产生一个向上的举起力 8 举起拨叉 2，从而释放动触头 3。

其二，常规分闸命令。实现方法是：电保持型（E 型）直流断路器是通过分闸命令切断合闸装置的保持电流；磁保持型（M 型）直流断路器是施加一个逆向脉冲电流（分闸电流是合闸电流的 20%）导致拨叉 2 缩回来，于是推杆 4 打开动触头 3 并使辅助触头 5 变位。产生在主触头 3 和 9 间的电弧通过角板 11 向上移动至灭弧室 10 内,并被灭弧栅 12 分割,电离气体在灭弧栅 13 处被中和,直流电弧熄灭。

2-1. 简述主变电所的功能及其主要电气设备。

2-2. 绘制主变电所的电气主接线图,分析其结构、运行方式。

2-3. 绘图并用文字说明城轨供电系统中压供电网络的结构及其正常运行方式。

2-4. 绘图并用文字说明降压变电所的主接线结构及其正常运行方式、设备状况。

2-5. 绘图并用文字说明牵引降压混合变电所的主接线结构及其正常运行方式、设备状况。

2-6. 简述直流开关柜的结构与设备。

2-7. 直流开关柜断路器手车的位置有哪些?如何实现位置的变换及其联锁?

2-8. 鉴于直流电弧难以熄灭,直流断路器采取了哪些措施?

一、变电所的功能是什么?有哪些主要设备?

《电力安全工作规程 发电厂和变电站电气部分》(GB 26860—2011) 指出:交流电力系统中 1000V 及其以下的电压等级、直流电力系统中 1500V 及其以下的电压等级为低压;超过低压的电压等级为高压,高压也特指电力系统中输电的电压等级。

《电工术语 发电、输电及配电 通用术语》(GB/T 2900.50—2008) 也对电压等级做了定义:电力系统中,高于 1kV、低于 330kV 的交流电压等级为高压;330kV 及以上并低于 1000kV 的交流电压等级为超高压;交流 1000kV 及以上的电压等级为特高压。电力系统中直流±800kV 以下的电压等级为高压直流,直流±800kV 及以上的电压等级为特高压直流。

变电所的作用是变换电压、调整电压、集中电能、分配电能和控制电能。在整个电力系统中,按变电所的地位和作用,一般把变电所分为枢纽变电所、区域变电所、用户变电所等 3 种。枢纽变电所通常有两个及以上的电源汇集,进行电能的分配和交换,形成电能的枢纽。这类变电所规模较大,采用三绕组变压器以获得不同级别的电压,送到不同距离的地区。区域变电所的作用是供给一个地区用电，通常也采用三绕组变压器，高压受电，中压转供，低压直配。用户变电所属于电力系统的终端变电所，直接给用户供电，通常采用双绕组变压器。城市轨道交通供电系统中的变电所就属于用户变电所。

变电所的核心设备是变压器，用于对电能实现变换和传输，有升压变压器和降压变压器两种。此外还包括用于控制、分配电能的开关电器（断路器、隔离开关、负荷开关等），测量电路运行参数的测量电器（电压互感器、电流互感器等），限制电压或者电流大小以实现设备保护的限制电器（避雷器、避雷针、电抗器、消弧线圈等），汇聚、分配电能的载流电器（母线、电缆等）。这些高压设备统称为一次设备，其按照先后顺序连接起来形成电路，称为一次电路或电气主接线。

变电所中用于对一次设备进行监视、测量、控制、调节和保护的电气设备，如测量仪表、控制器件、继电保护自动装置等统称为二次设备，其按照先后顺序连接起来形成的电路称为二次回路或二次系统。

1. 变换电器（变压器）

变压器是用来交换交流电压和电流、传输交流电能的一种静止电器。从结构上看，一般容量较小、电压较低的变压器可以做成干式变压器；容量较大、电压较高的变压器可以做成油浸式变压器，城轨交通供电系统主变电所的主变压器都是油浸式变压器。其他如降压变电所的动力变压器、牵引变电所的整流变压器等均采用干式变压器。

2. 开关电器

用来闭合和开断电路的电器称为开关电器。常见的高压开关电器包括高压断路器、隔离开关、熔断器、负荷开关等。

（1）高压断路器

高压断路器是具有完善的控制功能、可靠的灭弧能力的一种开关电器，用来在电路正常工作和发生故障时闭合、开断电路。

高压断路器是高压电气设备中最重要的设备，是一次电力系统中控制和保护电路的关键设备。高压断路器主要有两个作用：一是控制作用，即根据电力系统的运行要求，接通或断开工作电路；二是保护作用，当系统中发生故障时，在继电保护装置的作用下，自动断开故障部分，以保证系统中无故障部分的正常运行。

（2）隔离开关

隔离开关又称刀闸，是一种没有专门灭弧装置的高压开关电器。城市轨道交通供电系统中，隔离开关一般在组合电器中，直流馈线部分采用单独的隔离开关。

在电力系统中，隔离开关的主要作用有：

① 隔离电源。利用隔离开关断口的可靠绝缘能力，使需要检修或分段的线路与带电线路相互隔离，以确保检修工作的安全。

② 隔离开关与断路器配合进行倒闸操作。电气主接线中常见一台断路器与两台（或一台）隔离开关串联的情况，操作隔离开关时必须注意：绝不允许带负荷进行电流分闸，否则，隔离开关断口间产生的电弧将烧毁触头或形成三相弧光短路，造成供电中断。因此，当隔离开关与断路器串联于电路中运行时，隔离开关必须遵守先合后分的原则；当并联时，隔离开关必须遵守先分后合的原则。

③ 通断小电流电路。用隔离开关可以通、断电压互感器和避雷器电路；通、断励磁电流不超过2A的空载变压器电路；通、断电容电流不超过5A的空载线路；通、断母线和直接接在母线上的电气设备的电容电流；通、断变压器中性点的接地线。在某些终端变电所中，快分隔离开关与接地开关相配合，代替断路器的工作。

(3) 熔断器

熔断器是最简单和最早采用的一种保护电器，并兼有开关作用。常和被保护的电气设备串接于电路中使用。当电路中流过短路电流时，利用熔件产生的热量使本身熔断，从而切断电路，起到保护电气设备、缩小事故范围的作用。通常用于保护功率较小和对保护性能要求不高的电气设备。

(4) 负荷开关

负荷开关是一种介于断路器和隔离开关之间的开关电器，它既有明显的、可靠的绝缘间隙，又有一定的熄灭电弧能力，用来在电路正常工作或过载时开断电路，可以开断负荷电流，但不能开断短路电流。

3. 限制电器

限制电器是用来限制电路中的电压或电流的电器，它包括以下几种。

① 电抗器：主要用来限制电路中的短路电流。某些类型的熔断器也有限制短路电流的作用。

② 避雷器：用来限制电路中出现的过电压（包括由于雷电造成的外部过电压和由于操作产生的内部过电压）。

4. 测量电器

用来变换电路中的电压和电流使之便于检测的电器称为测量电器。它包括以下几种。

① 电流互感器：用来变换电路中的电流，以便供电给测量仪表、继电器或自动装置，并使之与高压电路隔离。

② 电压互感器：用来变换电路中的电压，以便供电给测量仪表、继电器或自动装置，并使之与高压电路隔离。

二、什么是电气主接线？常见的电气主接线形式有哪些？

变电所的电气主接线是指由断路器、隔离开关、互感器、避雷器、主变压器、母线和电缆等高压一次设备，按一定的顺序连接起来用于表示接受和分配电能的电路。电气主接线反映变电所的基本结构和性能，在运行中表明电能的输送和分配关系、一次设备的运行方式，成为实际运行操作的依据。主接线图一般用单线图表示。单线图是表示三相相同的交流电气装置中一相连接顺序的图，当三相不完全相同时，则用多线图表示。

城市轨道交通供电系统中的电气主接线主要有线路变压器组接线、内桥接线、单母线接线、单母线断路器分段接线四种。

线路变压器组接线、内桥接线都属于无母线的电气主接线。当变电所中进线回路数或者馈线回路数较多时，需要采用有母线的电气主接线。要设置汇流母线后，将各电源回路电能汇集起来，再分配到各个用电回路，以提高供电的可靠性和经济性。

如果电源回路和用电回路都通过断路器、隔离开关接在同一套母线上，则构成简单单母线接线，如图 2-38 所示。这种接线的优点是接线简单、投资少、操作方便、容易扩建。缺点如下：①检修母线或母线隔离开关时，全所停电；②母线或母线隔离开关有故障时，全所停电；③检修进出线断路器时，该回路停电。因此，这种接线只适用于小容量和用户对供电可靠性要求不高的发电厂或变电所。为了克服以上缺点，可采用母线分段和加旁路母线的措施。

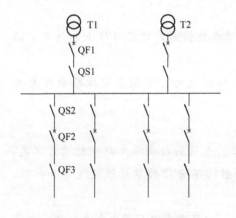
(a) 多路用电负荷的简单单母线接线

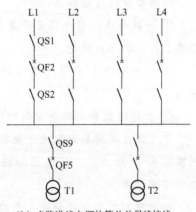
(b) 多路进线电源的简单单母线接线

图 2-38 简单单母线接线

如图 2-39 所示，当母线分段断路器 QFD1 和分段隔离开关 QSD1\QSD2 合闸时，相当于简单单母线接线。任一段母线发生故障时，在继电保护的作用下，分段断路器 QFD1 和接在故障段上的电源回路断路器 QF1、QF2、QF5 便自动断开，使非故障段母线可以继续运行，缩小了母线故障的停电范围。

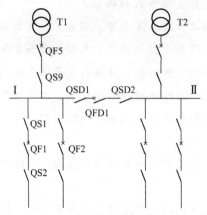 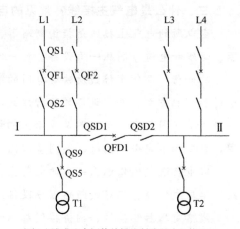

(a) 多路用电负荷的单母线断路器分段接线　　(b) 多路进线电源的单母线断路器分段接线

图 2-39　单母线断路器分段接线

当分段断路器断开运行时，分段断路器除装有继电保护装置外，还应装有备用电源自动投入装置，分段断路器断开运行，有利于限制短路电流。

断路器分段时的优点：

① 在正常情况下检修母线时，可不中断另一段母线的运行。

② 任一段母线发生故障时，在继电保护装置的作用下，母线分段断路器断开，从而保证了非故障段母线的不间断供电。

③ 可满足采用双回线路供电的重要用户供电可靠性要求。

断路器分段时的缺点：

① 一段母线或母线隔离开关出现故障或检修时，该段母线上的所有回路都要在检修期间内停电。

② 当采用接于不同段母线的双回线路供电时，常使架空线路出现交叉跨越。

③ 扩建时需要向两个方向均衡扩建。

单母线分段的数目取决于电源的数目、电网的接线及主接线的运行方式，一般以 2~3 段为宜。其连接的回路数一般比不分段的单母线接线增加一倍，但仍不宜过多。

单母线断路器分段接线主要应用于中、小容量发电厂的电气主接线；也常见于各类发电厂的厂用电接线以及进出线数量比较多的 6~220kV 变电所中。

当只有两台主变压器和两条电源进线线路时，可以采用如图 2-40 所示的接线方式。这种接线称为桥形接线。桥形接线的桥臂由桥断路器 QF_L 及其两侧桥隔离开关组成，正常运行时处于接通或断开状态（由系统运行方式决定）。根据桥臂的位置又可分为内桥接线、外桥接线和双断路器桥形接线三种形式。

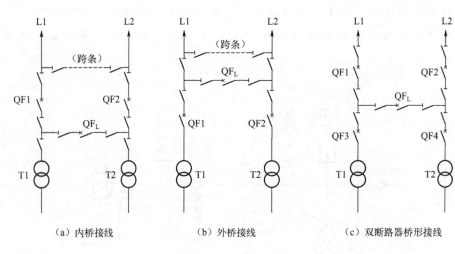

图 2-40 桥形接线图

内桥接线如图 2-40(a) 所示,桥臂置于线路断路器 QF1、QF2 的内侧,靠近主变压器 T1、T2。其特点如下:

① 线路 L1（L2）发生故障或需要退出检修时,仅本侧线路的断路器 QF1（QF2）跳闸,其余 L2（L1）、T1、T2 三条支路可继续工作,并保持相互间的联系。

② 变压器故障（或需要退出检修）时,桥断路器 QF_L 及与故障（或检修）变压器同侧的线路断路器 QF1 或者 QF2 均需先分闸,造成一路电源线路无法正常供电,此后打开变压器与桥臂间的隔离开关,使故障（或在检修）变压器退出运行,再依次闭合 QF_L、QF1 或者 QF2,方可恢复所有电源线路供电,这个倒闸操作过程使无故障（或未检修）线路的供电受到影响。

因此,内桥接线适用于输电线路较长、线路故障率较高、穿越功率小和变压器不需要经常改变运行方式的场合。

外桥接线如图 2-40(b) 所示,桥臂置于线路断路器的外侧。其特点如下:

① 变压器发生故障或者退出检修时,仅有故障或检修变压器支路的断路器 QF1 或者 QF2 分闸,其余支路可继续工作,并保持相互间的联系。

② 线路发生故障或需要退出检修时,桥断路器 QF_L 及与故障线路同侧的变压器支路的断路器 QF1 或者 QF2 均需先分闸,需经倒闸操作后,方可恢复被切除变压器的工作。

③ 线路投入与切除时,操作复杂,影响变压器的运行。

这种接线适用于线路较短、线路故障率较低、主变压器需按经济运行要求经常投切以及电力系统有较大的穿越功率通过桥臂回路的场合。

线路-变压器组接线是单元接线的一种形式,如图 2-41 所示,110kV 线路通过三工位隔离开关（带接地开关的隔离开关）、断路器与 110/35kV 主变压器直接连接，构成一个接线单元，中间无110kV母线。110kV侧设备还包括接地开关、线路快速接地开关、电压互感器、电流互感器、避雷器等。

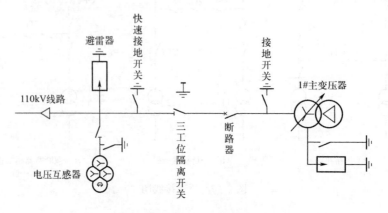

图2-41 线路-变压器组接线

总之，线路-变压器组接线将线路和变压器通过高压开关直接相连，无母线或者桥，是一种最简单的接线方式。其优点是设备少、投资少、操作简便、易扩建。其缺点主要体现在：线路或者变压器故障检修停运时，将相互影响，必须同时停运，对变电所的供电负荷影响较大。接线及继电保护的简化反而会提高供电可靠性。其较适合用于正常二运一备的城区中心变电所，各个城市地铁供电系统的主变电站110kV侧通常采用这种接线形式。

三、什么是GIS组合电器？它的基本结构是什么？

气体绝缘金属封闭开关（Gas Insulated Switchgear，GIS）设备是由断路器、隔离开关、接地开关、互感器、避雷器、母线、连接件等单元，封闭在接地的金属体内组成。其内部充有一定压力并有优异灭弧和绝缘能力的SF_6气体。由于GIS既封闭又组合，故占地面积小，占用空间少，基本不受外界环境影响，不产生噪声和无线电干扰，运行安全可靠，且维护工作量少，在城市电网建设和改造工程中，得到广泛的应用。它的突出优点是：

① 最大限度地缩小整套配电装置的占地面积和空间体积，结构十分紧凑。110～220kV GIS 占地面积仅为敞开式变电站的1/10，这在人口高度集中的大城市和密集的负荷中心显得更为重要。

② 全封闭的电器结构，不受雨雷、尘沙及盐雾等各种恶劣自然环境条件的影响，减少了设备发生事故的可能性，特别适合工业污染和气候恶劣以及高海拔地区。

③ 安装方便。因GIS已向三相共箱（筒）化、复合化和智能化方向发展，一般由整件或若干单元组成，可大大缩短安装工期。

20世纪50年代，高压电器的绝缘介质就用SF_6气体代替了空气；20世纪60年代中期，美国制造了第一套GIS，使高压电器发生了质的飞跃，也给配电装置带来了一次革命。

此后，GIS发展很快，欧洲、美洲、中东地区的电力公司都规定配电装置要用GIS，在亚洲、非洲、大洋洲的一些国家也基本上规定要用GIS，在南非有800kV GIS投入运行。

我国GIS的研制工作起步于20世纪60年代，与世界其他国家基本同步。1971年我国首次试制成功110kV GIS，并投入运行。

大亚湾核电站、秦山核电站、广州抽水蓄能电站、四川二滩水电站、浙江北仑港火电厂、上海石洞口火电厂、广东沙角火电厂、广东江门变电站、云南草铺等变电站、三峡水电站的升压变电站，均应用了GIS。

自20世纪80年代开始，国产大型GIS也投入电网系统运行，共达407个间隔，较大的有广西天生桥水电站的500kV GIS设备、渭南变电站的330kV GIS、上海杨树浦电厂的220kV GIS等。

某公司生产的8DA10型GIS结构如图2-42所示，它是一种将免维护真空开关管（真空灭弧室）封闭在充有SF_6绝缘气体的金属外壳内的开关设备。该设备由若干标准化单元组成，包括柜体、高压室、低压室、电缆室、柜间连接、操动机构等模块单元。模块单元中设有主母线、断路器、三工位开关、电压（流）互感器、避雷器、微机保护测控单元、电缆插头等主要元器件。开关柜还包括断路器/三工位开关操作手柄、钥匙、主母线连接装置、插头堵头、边盘、地脚螺栓等设备附件。

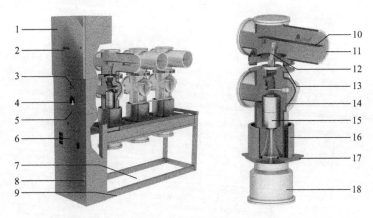

图2-42　8DA10型GIS结构图

1—低压室；2—微机保护装置；3—操动机构，三工位开关联锁机构；4—馈线气室的气体压力指示器；5—气体灌充阀；6—真空断路器的控制与指示板；7—电缆隔室；8—插孔；9—框架；10—母线；11—母线外壳；12—三工位开关；13—上套管；14—断路器外壳；15—真空灭弧室；16—电流互感器；17—下套管；18—连接外壳

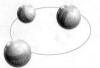

该 GIS 组合电器每相有两个接地的铸铝圆筒外壳，成 T 形排列。上部圆筒中装有母线、隔离开关，下部圆筒中装有真空断路器，电流互感器放在圆筒下方，电缆由下部引出。真空断路器为免维护式，其操动机构为弹簧储能，三工位隔离开关为紧凑式。

8DA10 型 GIS 采用单极金属外壳，采用逻辑机械联锁的完整开关柜联锁系统，不受污物、湿气和小动物等环境因素的影响，具有较高的人员安全性和设备安全性。8DA10 系列采用了断路器柜、隔离开关柜、母联柜等形式。

第三章
城市轨道交通接触网运营与维护

问题导入

城市轨道交通电客车是牵引供电系统的负载,其特殊之处是它是一个移动负载。解决对移动负载供电就需要特殊的输电和受流系统——接触网系统。目前的城市轨道交通中形成了接触轨-集电靴、受电弓-接触网等不同的解决方案。本章旨在介绍常见的接触网系统的作用、类型,对现阶段我国工程实践中常用的接触轨系统、柔性架空接触网系统、刚性架空接触网系统的接触悬挂形式、安装结构、主要部件等做出了介绍。

学习要点

① 理解接触网的定义。
② 理解城市轨道交通接触网的分类及其特点。
③ 理解城市轨道交通接触网系统的导体类型。
④ 理解柔性架空接触网的装配形式。
⑤ 理解柔性架空接触网的主要组成部分及其作用。
⑥ 理解刚性架空接触网的装配形式。
⑦ 理解刚性架空接触网的主要组成部分及其作用。
⑧ 理解接触轨系统的安装形式和主要组成部分。

第一节　地铁接触网概述

接触网系统是电气化轨道交通供电系统的重要组成部分,是沿着走行轨架设的为电力机车(电动车组)提供牵引电能的特殊形式的供电线路。是通过集

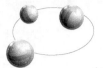

电装置（集电靴、受电弓等）向电力牵引单元提供电能的机电系统。

接触网有两大结构形式：架空接触网和接触轨。接触轨是通过在走行轨旁设置横截面与钢轨相似的刚性导电"轨道"给电力机车（电动车组）供电。电力机车（电动车组）通过安装在车辆转向架两侧的集电靴和接触轨的滑动接触取得电能。主要的结构形式有第三轨（第三轨供电、走行轨回流）、第四轨（第三轨供电、第四轨回流）两种。第三轨形式较常见，比如北京地铁大量采用DC750V接触轨系统，武汉地铁（轻轨）（DC750V），广州地铁4、5号线和深圳地铁3号线（DC1500V）也采用了第三轨形式。第四轨系统在英国伦敦地铁和意大利米兰地铁A线使用，这种系统比较少见。

架空接触网分为刚性架空接触网和柔性架空接触网两类。刚性架空接触网将接触线夹装在汇流排中，依靠汇流排自身的刚性保持接触线的固定位置，使接触线不因重力而产生弛度。刚性架空接触网一般适用于隧道段，而不应用于地面及高架桥，在城市地铁中应用较多。2002年12月开通的广州地铁2号线在国内第一次采用了刚性架空接触网系统，南京、上海、西安、深圳、郑州、成都、杭州等城市地铁建设中都有采用刚性架空接触网形式。干线铁路中，刚性架空接触网主要应用于长大隧道。2006年4月，长20.50km的兰（州）武（威）二线乌鞘岭隧道在国内干线铁路中第一次采用了刚性接触悬挂。

柔性架空接触网采用柔性线索作为导电体，具有较好的弹性，跨距大，适应高速电力牵引受流，在干线铁路工程中得到了广泛的应用，如广州地铁1号线，深圳地铁一期工程，上海轨道交通1、2号线和明珠线等。在地面线路柔性架空接触网系统优势明显，如香港机场线、大连快速轨道交通3号线、长春市快速轨道交通环线一期工程和天津滨海轻轨线都采用了柔性架空接触网。

一、接触轨

1879年5月，西门子（Siemens）设计并制造的世界第一套具有现代电气化轨道交通雏形的"电气化轨道交通系统"在柏林世界贸易博览会上展出，其采用了两走行轨间敷设第三轨的接触网供电形式。1969年10月1日，中国第一条地铁线路北京地铁一号线建成通车，采用了接触轨系统。

1. 接触轨系统中的导体——导电轨

导电轨就是接触轨系统中的特殊"输电线"，导电轨安装在走行轨的一侧。电动客车通过设置在列车侧面的集电靴从导电轨中得到电能。导电轨按照材质主要分为低碳钢接触轨和钢铝复合接触轨两类。低碳钢接触轨在早期地铁中多采用，有耐磨、价廉、安装简单等优点，但也存在自重大、电阻率高、电能损耗大等缺点。钢铝复合接触轨的主要材料为铝材，因此它与低碳钢接触轨相比，具有重量轻、电阻小的特点；同时为了增加接触轨的耐磨性能，将不锈钢带作为接触面，这使钢铝复合接触轨的寿命可以达到50年以上。目前，采用接触轨的新建线路已经逐步采用钢铝复合接触轨代替低碳钢接触轨。钢铝复合轨断面结构如图 3-1 所示。其计算截面积 4400mm²，几何截面积 3850mm²，单位重量 14.5kg/m，最大持续载流量≥3000A。

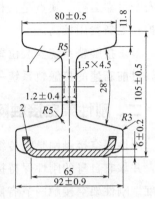

图 3-1　某型钢铝复合轨横截面

2. 接触轨的授流方式

目前，接触轨通常采用以下三种授流方式：上部授流方式，列车受流器处于接触轨的顶部；下部授流方式，列车受流器处于接触轨的底部；侧部授流方式，列车受流器处于接触轨的侧面。如图 3-2 所示。

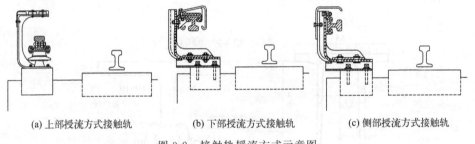

(a) 上部授流方式接触轨　　(b) 下部授流方式接触轨　　(c) 侧部授流方式接触轨

图 3-2　接触轨授流方式示意图

上部授流方式接触轨的接触面容易附着尘埃、冰雪等杂物，使得接触轨与列车集电靴之间的过渡电阻增大，对列车受流会产生一定影响；该方式只能从接触轨顶部和线路外侧对接触轨进行防护，虽然具有便于日常检查和维护的优点，但也存在防护不够严密、安全性差的缺点。

侧部授流方式接触轨的接触面不容易附着尘埃、冰雪等杂物，授流质量较好；但同上部授流方式一样，该方式只能从接触轨顶部和线路外侧对接触轨进行防护，也存在防护不够严密、安全性差的缺点。

下部授流方式的优点为：接触轨的安装高度及水平方向均可做适度调整，不需要设计多种高度的零部件就可以满足实际需要。系统的防护罩对带电接触轨的防护性能更好，带电接触轨不容易被无意识地碰触到，利于人身安全防护。遮挡雨雪、避免尘屑的条件也优于上部授流方式，能较好确保牵引网系统的安全可靠运行。缺点是：相对于上部授流方式而言，结构较复杂，设备费、维护和更新费用较高。

鉴于接触轨系统安装位置低，且带有高电压，人身安全问题尤为重要，因此，目前新建的接触轨系统一般均采用下部授流方式。

二、刚性架空接触网

刚性架空接触网是将传统的接触线夹装在汇流排中，用汇流排取代了承力索，并靠它自身的刚性保持接触线的固定位置，使接触线不因重力而产生较大弛度。刚性架空接触网节省隧道净空，可靠性高，耐磨性好，接触网零件简单，维修成本大大降低。刚性架空接触网从20世纪90年代起得到较快发展。广州地铁最早将刚性架空接触网形式引入我国，近几年来，我国的城市轨道交通蓬勃发展，刚性架空接触网应用较为普遍。

刚性架空接触网导体主要由汇流排和夹持的接触线组成，汇流排的形状有T形和Π形两种，如图3-3所示。T形汇流排1962年在日本投入运营，Π形汇流排1983年在法国投入运营。我国刚性架空接触网目前均采用了Π形汇流排。常用的PAC110型汇流排，标称截面积$2213mm^2$，计算重量$5.91kg/m$，铜当量截面积$1233mm^2$。

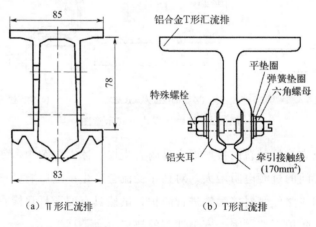

（a）Π形汇流排　　　　（b）T形汇流排

图3-3　Π形和T形汇流排

三、柔性架空接触网

柔性架空接触网和受电弓直接接触传递电流的部分称为接触悬挂，一般由柔性线索组成，柔性线索由三部分组成：接触线、承力索和吊弦。接触线为带沟槽的圆柱体，是接触网中直接和受电弓滑板摩擦接触取流的部分，电力机车从接触线上取得电能。接触线的材质、工艺及性能对接触网起着重要作用，要求它具有较小的电阻率、较大的导电能力,要有良好的抗磨损性能,具有较长的使用寿命,具有较强的抗张能力。在城市轨道交通中,常用到的接触线型号是CTAH120和CTAH150,如图3-4。

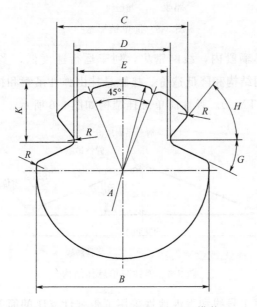

图3-4 CTAH120(CTAH150)横截面

A—截面直径(高度);B—截面宽度;C—头部宽度;D—槽底间距(沟);
E—槽尖间距(沟);K—头部高度;R—圆角半径;H—上料角;G—下料角

承力索的作用是通过吊弦将接触线悬挂起来。要求承力索能够承受较大的张力和具有耐腐蚀能力,并且在温度变化时弛度变化较小。承力索根据材质一般可分为铜承力索和铜合金承力索。承力索和接触线并联承载牵引电流,称为载流承力索。吊弦一般为$10\sim16mm^2$硬铜绞线。

在城市轨道交通中,柔性架空接触网正线一般采用全补偿简单链形悬挂,如图3-5所示。城市轨道交通牵引供电系统电压低,电流大,需要较大截面积的载流导体,多采用单承力索、双接触线式(简称"单承双导")或双承力索、双接触线式(简称"双承双导")全补偿链形接触悬挂,外加3~4根辅助馈线组成。例如某地铁工程中接触悬挂如下:

① 线索:JT150+CTAH120×2。张力:14kN+11kN×2。辅助馈线:JT150×3。

② 线索:JT150×2+CTAH120×2。张力:12kN×2+12kN×2。辅助馈线:JT150×2。

这些接触悬挂类型主要应用于隧道正线、地面线正线、出入段线、试车线等。

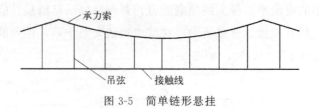

图 3-5　简单链形悬挂

在停车场、车辆段内，线网密集，列车运行速度低，多采用弹性简单悬挂，以简化接触网结构和降低造价。接触悬挂由弹性吊索和接触线组成。弹性吊索为硬铜绞线 JTM20。弹性简单悬挂结构如图 3-6 所示。

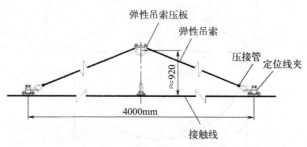

图 3-6　弹性简单悬挂结构

上海城市轨道 1 号线和香港地铁采用了带弹性支座的简单接触悬挂。

四、三种接触网形式的比较

无论架空接触网还是接触轨，都因其不同的特点而应用于具有不同需求的城市轨道交通线路，都是可行的牵引接触网形式，在各自的应用领域中仍不断发展进步，不存在孰优孰劣的问题。

接触轨系统的主要优点有：寿命长，可以长期使用，无论是钢铝复合轨还是低碳钢接触轨，磨耗寿命都在 50 年以上；维修量很小，施工作业面低，不用高空作业，受外界气象条件影响小；对地面和城市景观没有影响；可靠性高，故障率低。其缺点主要有：车辆在运行过程中不能脱离电源；在事故疏散状态下，安全性不如架空接触网，在人员活动较多的场站有着一定的安全隐患。

柔性架空接触网和刚性架空接触网相比，其结构复杂，维护工作量大；存在轴向张力，断线故障事故波及范围大，恢复时间长；对隧道净空要求也较高。在地面线中，柔性架空接触网的支柱和各类线索可能对城市景观造成一定影响。刚性架空接触网一般只应用于隧道，不仅可减少隧道净空要求，而且其汇流排载流面积大，无张力架设，不会发生断线事故，即使发生故障，故障范围也很小，减少了维修工作量。各种接触网形式的特点比较见表 3-1。

牵引网制式的选择应结合车辆受电要求、牵引负荷容量、列车运行最高速度及城市特点等因素综合分析确定。

表 3-1 各种接触网形式的特点比较

比较项目	接触轨	刚性架空接触网	柔性架空接触网
结构	简单	简单	较复杂
授流质量	较好	较好	好
正线允许行车速度/(km/h)	≤130	≤140	简单悬挂≤140 链形悬挂≤350
可靠性	高	高	较高(存在断线隐患)
耐磨性	高	一般	一般
安装精度要求	高	高	一般
维护保养工作量	较少	较少	较大
人身安全性	采取措施后有保障	较高	较高
对地面景观的影响	无影响	无影响	有影响
受恶劣气候条件的影响	小	小	较大
对隧道净空的要求	无特别要求	相对柔性架空接触网稍小	相对较大

第二节　柔性架空接触网运营与维护

柔性架空接触网是电气化轨道交通接触网系统的主要形式，在中国电气化铁路中应用了超过11万公里，技术上成熟可靠，运营经验丰富。适用于城市轨道交通的地下线、地面线和高架线。

一、柔性架空接触网装配形式

柔性架空接触网在城市轨道交通中应用非常广泛，在中国有全线柔性架空接触网、地下线采用刚性架空接触网、地上线采用柔性架空接触网、运营正线第三轨场站采用柔性架空接触网等多种工程应用实例。

柔性架空接触网装配形式多种多样，根据安装地点的不同可分为隧道内、高架线路、地上线路及车辆段等几种形式。

1. 隧道内的柔性架空接触网

目前国内城市轨道交通柔性架空接触网在隧道内主要采用弓形腕臂形式悬挂，采用简单链形悬挂方式，由1根或2根承力索、2根接触线及辅助馈线组成，承力索、接触线均有张力补偿装置，跨距在隧道内为20m左右。其隧道支承很方便地通过角形支架装配形式或专用吊柱形式用锚栓固定在隧道上，在不同的隧道断面均达到规定要求的相应净空尺寸，其结构高度一般在220～310mm。

隧道内的柔性架空接触网的装配形式如图3-7所示。图3-7(a)为矩形隧道柔性架空接触网装配结构示意图，一般用于矩形隧道或者带有结构风管的车站。图3-7(b)为圆形、马蹄形隧道柔性架空接触网装配结构，采取链形悬挂,结构稳定,弹性较好,速度可以达到120km/h。图3-7(c)为"弹性支架"悬挂在隧道内的安装示意图,"弹性支架"悬挂形式属简单悬挂方式,悬挂形式一般采用2根接触线及辅助馈线,没有承力索。2根接触线有张力补偿装置。"弹性支架"承载能力较低,支架之间距离限制在12m以内。"弹性支架"的弹性是通过轴环中设置的橡胶扭转部件获得的。由于没有承力索,其对隧道净空要求可以进一步降低,允许的行车速度较低。

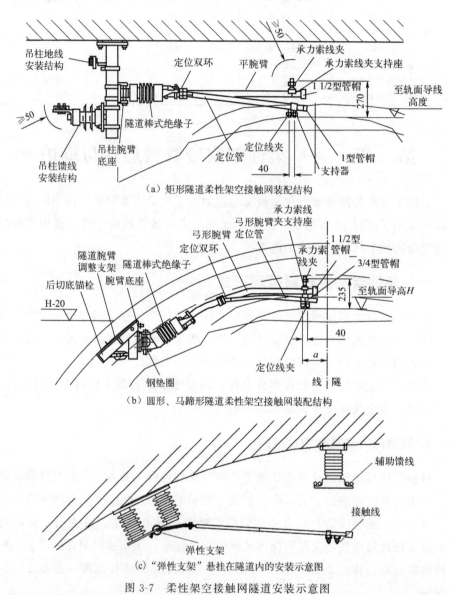

图3-7 柔性架空接触网隧道安装示意图

2. 地面线和高架段柔性架空接触网

地面线与高架段和隧道相比,没有净空条件限制,一般采用腕臂支柱形式，双线高架段也有采用门形架加吊柱的腕臂形式，其典型的装配结构如图 3-8 所示。在高架段，考虑城市景观会采用有造型的支柱。

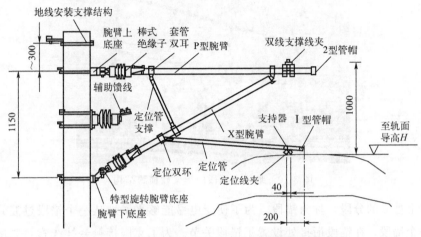

图 3-8 地面线和高架段柔性架空接触网装配示意图

图 3-9 所示为双承双导（即接触悬挂由两根承力索和两根接触线构成）的装配示意图，因为地铁牵引电流大，所以还设置了辅助馈线。

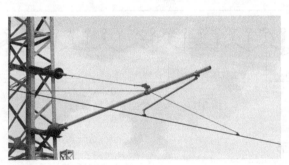

图 3-9 弹性简单悬挂结构

3. 车辆段和场站内的柔性架空接触网

在车辆段和停车场等场合，柔性架空接触网的接触悬挂形式主要是由弹性简单悬挂构成，在出入段线和试车线等处采用和线路区间相同的简单链形悬挂。装配结构上，除了腕臂支柱以外，采用软横跨和门形架硬横跨结构，如图 3-10 所示。

二、柔性架空接触网的主要结构

如图 3-11 所示，柔性架空接触网将接触线布置为"之"字形，以减少在每一个跨距内对受电弓滑板的磨损，接触线和受电弓的接触点从滑板的一端移动到另外一端，受电弓滑板得到较均匀的磨耗。接触网按照一定长度分成机械或

图 3-10　地铁车辆段门形架硬横跨结构

电气上独立的分段，称为锚段。为了使受电弓能够平滑地从一个锚段过渡到另外一个锚段，在锚段衔接处设置了锚段关节。为了克服接触悬挂线索热胀冷缩带来的线索张力、弛度变化，在锚段的端部设置补偿装置。锚段的中部对接触悬挂进行固定，称为中心锚结，可以防止接触悬挂向一侧窜动，限制事故范围。

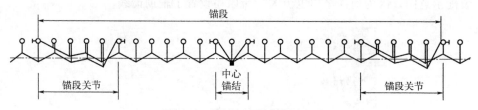

图 3-11　柔性架空接触网布置

1. 锚段关节

两个相邻锚段的衔接区段（重叠部分）称为锚段关节，锚段关节按用途可分为非绝缘锚段关节和绝缘锚段关节两种。按锚段关节的所含跨距数可分为二跨、三跨、四跨、五跨锚段关节等几种不同形式。地铁柔性架空接触网中一般常见的为三跨锚段关节，如图 3-12 所示，图 3-12(a) 为地面线双承双导非绝缘锚段关节，接触悬挂线索较多，两根承力索在 ZF1（ZF4）支柱下锚，两根接触线在最外侧两支柱下锚。图 3-12(b) 为隧道内单承双导绝缘锚段关节，接触悬挂的三根线索通过三角调节板和挂板连接后，在一套下锚装置上下锚。

相互连接的两个锚段分别在锚段关节最外侧二支柱处下锚，受电弓在中间两支柱间实现从一个锚段向另一锚段的转换，故锚段关节中间的二支柱称为转换柱，转换柱是锚段关节处通过腕臂等支持结构承受工作支和非工作支两支接触悬挂的支柱。为了保证两锚段在电气上的可靠连通，在两锚段间使用连接线连接。在绝缘锚段关节图 3-12(b) 中，其接触线、承力索在水平方向保持

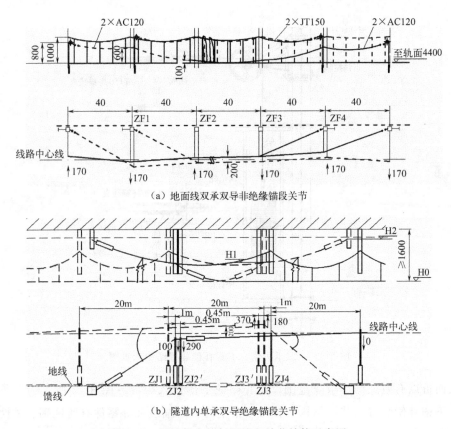

(a) 地面线双承双导非绝缘锚段关节

(b) 隧道内单承双导绝缘锚段关节

图 3-12　柔性架空接触网锚段关节结构示意图

220mm 距离，在垂直方向转换柱处抬高 130mm，保持两转换柱间接触悬挂电气绝缘。

在锚段关节内，同时存在两个锚段的两组接触悬挂。其中接触线与受电弓接触实现受流的称为工作支；另一组接触悬挂的接触线通过抬高脱离受电弓接触后下锚，称为非工作支（简称"非支"）。

2. 下锚补偿装置

接触网补偿装置，又称张力自动补偿器，它安装在锚段的两端，并且串接在接触线承力索内，它的作用是补偿线索热胀冷缩的张力变化，使张力保持恒定。常见的下锚补偿装置主要有换轮式、棘轮式和弹簧式等，在地铁中，最为常见的为棘轮补偿装置，其结构示意图如图 3-13 所示。

棘轮装置下锚线索通过补偿绳缠绕在小轮上，坠砣补偿绳缠绕在大轮上，通过大小轮半径比实现传动比为 1：3，棘轮补偿装置传动效率高，具有断线制动功能。正常工作状态下，棘齿与制动卡块之间有一定间隙，棘轮可以自由转动；当线索断裂后，棘轮和坠砣在重力作用下下落，棘齿卡在制动卡块上，

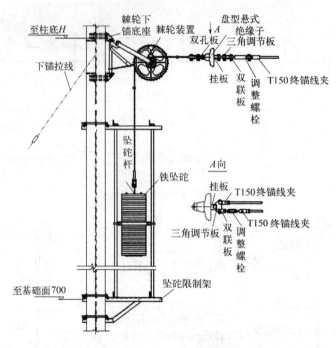

图 3-13 （双承力索）下锚补偿装置结构示意图

从而可以有效地缩小事故范围，防止坠砣下落侵入限界。图 3-13 所示为双承力下锚补偿装置的装配结构，接触线下锚时，终锚线夹等零件有所区别。柔性架空接触网在隧道内下锚时，受到隧道净空限制，在转换柱和棘轮间设置双（单）支导轮，以满足限界要求。

3. 中心锚结

设在接触悬挂锚段中部，通过将承力索、接触线进行固定，防止两端补偿器向一侧滑动或缩小事故范围的装置，称为中心锚结，简称中锚。线索在中心锚结处的固定点在任何情况下不会出现偏移，因此当温度变化时，锚段内线索的热胀冷缩便发生在中心锚结与两端的补偿器间，有效缩短了线索的伸缩范围。图 3-14 所示为简单链形悬挂中心锚结结构图，这种在两个跨距内实现的中线锚结也称为两跨式中锚。承力索通过承力索中心锚结绳在相邻支柱上下锚，使该处承力索不产生位移，在跨中通过接触线中心锚结绳将接触线固定在承力索上。中心锚结具有以下作用：缩短了补偿器补偿范围，使锚段线索张力比较均匀，保证接触悬挂处于良好工作状态；设立中心锚结后可以缩小事故范围，即当中心锚结一侧发生断线事故时不致影响另一侧悬挂线路，有利于缩短事故抢修时间；可防止线索在外力作用下向一侧窜动，如风力、受电弓摩擦力、因坡道和自身重力引起的窜动力。

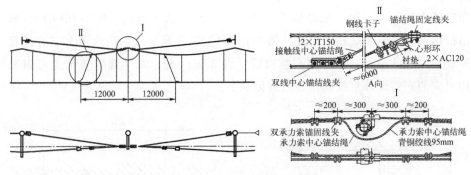

图 3-14 中心锚结结构示意图

第三节　刚性架空接触网运营与维护

刚性架空接触网也称为刚性悬挂,是将传统的接触线夹装在汇流排中,用汇流排取代了承力索,并靠它自身的刚性保持接触线的固定位置,使接触线不因重力而产生较大弛度,主要适用于城市轨道交通的地下线。

一、刚性架空接触网装配形式

刚性架空接触网适用于地下区段,其装配形式需要适应各种地下隧道结构。在较低净空(小于 4800mm)矩形隧道的典型的装配形式如图 3-15 所示。

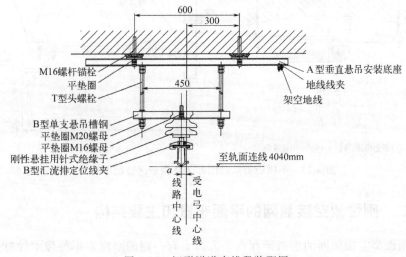

图 3-15　矩形隧道直线段装配图

在地铁中,隧道形式和净空条件各种各样。隧道常见形式有圆形隧道、马蹄形隧道、矩形隧道;车站风管形式等都会影响到刚性架空接触网的装配,针对不同的断面形式，刚性架空接触网采用不同的安装方式，如图 3-16。隧道净空从小到大，采用了绝缘横撑［图 3-16（c）］、悬吊槽钢［图 3-16（b）］、悬吊槽钢加悬吊安装底座、吊柱［图 3-16（a）］等装配形式。当轨道上空有风管等设施影响悬吊时，采用水平腕臂式［图 3-16（d）］，水平腕臂装配也可以采用对应的底座设计直接固定在隧道侧墙上。

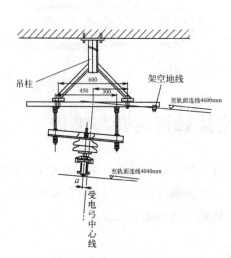

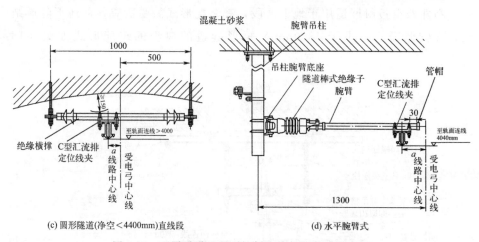

图 3-16　不同隧道区段刚性架空接触网装配示意图

二、刚性架空接触网的平面布置和主要结构

刚性架空接触网的汇流排在水平方向上有一定的刚度，不能像柔性悬挂一样成"之"字形布置。在隧道中是将刚性梁布置为沿线路中心线连续、均匀分布的正弦波形式，从而使受电弓滑板与刚性梁的磨耗更均匀、受流更平稳，如图 3-17 所示。刚性架空接触网悬挂点的正线最大跨距：曲线为 6～8m，

直线为 8～10m。锚段长度一般为 200～250m，最大不超过 300m，主要受到支持结构偏斜和膨胀接头的补偿量限制。刚性悬挂在 500m 范围内拉出值为 ±200mm。相邻两跨距之比不宜大于 1.25∶1。但是必须指出的是：正弦波布置的刚性悬挂相对于线路中心线的偏移量不是线性的，在一个完整的正弦波周期内，受电弓滑板和波峰附近接触线接触的时间要大于过零点附近的接触时间，不可避免地造成受电弓滑板的磨耗不均匀。

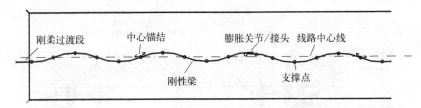

图 3-17　刚性架空接触网的平面布置

刚性架空接触网的平面布置上主要的结构有刚柔过渡段、中心锚结、伸缩部件、锚段关节、线岔等。

1. 刚柔过渡

刚性悬挂主要应用于隧道内，在隧道外为柔性悬挂，必须设置一定的结构实现刚性悬挂到柔性悬挂的过渡，简称刚柔过渡。典型的刚柔过渡方式有锚段关节式刚柔过渡和贯通式刚柔过渡，如图 3-18 所示。在应用中，多采用带切槽式渐变汇流排的贯通式刚柔过渡形式，该方式主要采用了长 12.0m 的切槽式渐变汇流排，汇流排的具体型式与接触线的额定张力有关，该单元主要的特点是连续性好，区间柔性悬挂的承力索直接锚固在隧道洞口，接触线亦直接锚固于过渡单元内，从而大大缓解了较高行车速度时此处的硬点冲击。

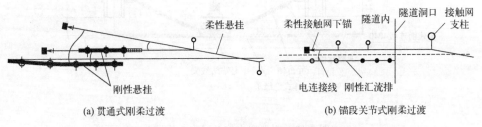

(a) 贯通式刚柔过渡　　　　　　　　(b) 锚段关节式刚柔过渡

图 3-18　刚性架空接触网刚柔过渡结构

2. 中心锚结

刚性架空接触网中心锚结的作用是在锚段中部对汇流排进行固定，防止汇流排向一侧窜动。在汇流排随环境温度变化热胀冷缩时，中心锚结将一个锚段的汇流排分成左右两个独立的膨胀段。中心锚结的结构如图3-19所示，隧道净空因装配结构不同会有不同。中心锚结应该处于汇流排中心线的正上方，中心锚结处接触线工作面应无负弛度，调整螺杆使左右受力均衡，紧固时只要能使调整螺杆拉紧即可，与汇流排夹角不大于45°。因为刚性悬挂本身线索没有轴向力，所以其中心锚结主要的作用是防窜动，强度要求比柔性悬挂中心锚结小得多。

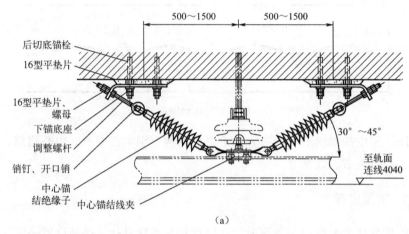

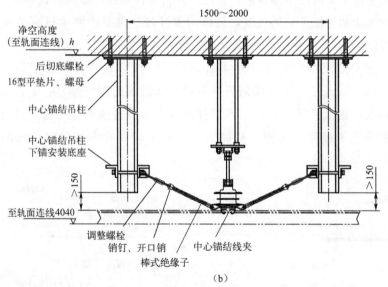

图3-19 刚性架空接触网中心锚结

3. 锚段关节

刚性悬挂的锚段关节相对于柔性悬挂较为简单，其结构为两组悬挂在空间上重叠，采用终端汇流排防止发生打弓和刮弓。刚性悬挂同样设置了绝缘锚段关节和非绝缘锚段关节，两支汇流排水平间距分别为 260mm 和 200mm，结构如图 3-20 所示。锚段关节不仅是刚性悬挂的机械、电气分段，也是汇流排温度变化热胀冷缩造成汇流排和接触线纵向移动的伸缩部件。另外一种伸缩部件是汇流排膨胀接头。

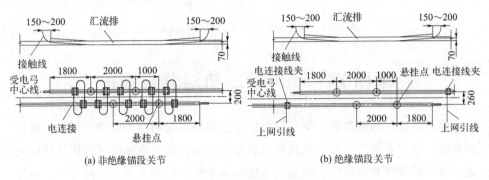

图 3-20　刚性悬挂中心锚结

4. 膨胀接头

膨胀接头用于补偿汇流排系统因热胀冷缩而产生的长度变化，并保证电流良好续接，属系统关键装置，如图 3-21 所示。膨胀接头端部铣有坡度，在安装时，将接触线端头夹持在坡度处，使受电弓平滑通过。膨胀接头初始安装时汇流排中间接头和悬挂点之间距离应符合安装曲线要求。

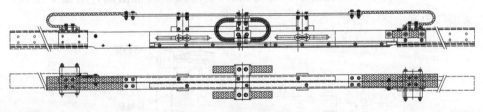

图 3-21　汇流排膨胀接头

5. 线岔

刚性悬挂在正线和站线道岔处采用类似"非绝缘锚段关节"的结构实现线岔功能。以单开道岔为例，需由道岔"开口"方向确定汇流排走向，原则是在道岔区上空，正线刚性悬挂不中断，侧线悬挂的汇流排末端与正线悬挂的汇流排有 200mm 的平行间隙，长度为 2000mm。侧线悬挂汇流排末端的端部向上弯曲，抬高 2～4mm，以免正线列车通过时发生碰撞。如图 3-22 所示。

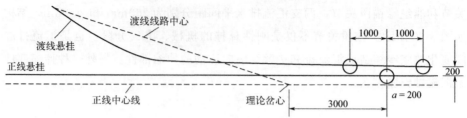

图 3-22　刚性悬挂在单开道岔处的线岔布置

第四节　第三轨运营与维护

第三轨也称为接触轨，第三轨系统是沿线路敷设的专为电动车辆授给电能的系统，电动车辆通过集电靴从第三轨得到电能。第三轨系统可以用于地铁的地下线、地面线和高架线。接触轨系统由导电轨、绝缘支架、中间接头、膨胀接头、端部弯头、防爬器等基本部分组成。

一、第三轨安装形式

接触轨的安装位置根据车体、集电靴尺寸和安装位置、绝缘距离等参数确定，正线接触轨一般安装在列车行进方向的左侧。图 3-23 所示为某地铁下部授流方式第三轨安装示意图。安装位置主要确定接触轨中心线距相邻走行轨内缘的水平距离和接触轨轨顶面距走行轨轨顶面的垂直距离。下磨式第三轨绝缘支架间距一般为 8 个轨枕间距，约 5.2m；在曲线区段根据设计增加支架数，支架间距减小。

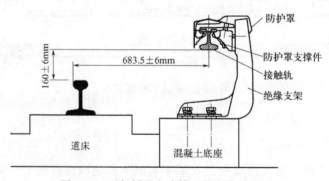

图 3-23　下部授流方式第三轨安装示意图

二、第三轨主要组成部分

1. 中间接头

钢铝复合接触轨的连接方式为中间接头（鱼尾板）连接方式。中间接头用于固定、连接相邻接触轨并传导电流，按用途分为普通中间接头及电连接中间接头。每一段接触轨、端部弯头或膨胀接头都是通过一套中间接头连接。

中间接头具体结构如图 3-24 所示。

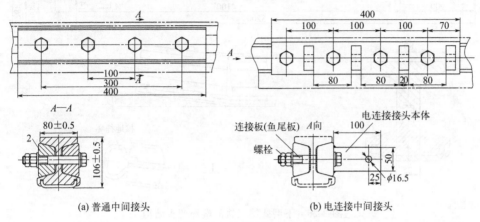

(a) 普通中间接头　　　　　　　(b) 电连接中间接头

图 3-24　中间接头结构

电连接中间接头是连接供电电缆向接触轨供电的零件，它由两个铝合金零件组成，一个是普通中间接头本体，另一个在普通中间接头本体上焊有四个电连接板，可以连接八根电缆。电连接中间接头能安装在接触轨的任何位置，例如牵引变电所出口、接头、弯头、电分断或道岔处。

2. 端部弯头

端部弯头是安装在一段接触轨断口处，用于引导受电靴可靠进入或平稳离开一个锚段接触轨，保证受电靴顺利平滑通过接触轨断口处的部件。端部弯头一般可分为高速和低速两种。高速端部弯头长度一般为 5.2m，坡度为 1∶50，末端绝缘处接触轨接触面距轨面高度为 285mm±5mm，弯头两端的高度差一般大于或等于 126mm；低速端部弯头长度一般为 3.4m，坡度为 1∶30，末端绝缘支座处接触轨接触面距轨面高度为 265mm±5mm，弯头两端的高度差一般大于或等于 129mm。端部弯头的末端设置地线挂环以方便接触轨的接地。如图 3-25 为下磨式第三轨的端部弯头结构。

3. 膨胀接头

由于外部环境温度或接触轨在运行过程中的电流变化，接触轨轨温会随之发生改变，导致接触轨在热胀冷缩的效应下产生伸缩。因此，需要在机械和电气特性两方面连接两根长轨中间的空隙安装膨胀接头。在实际工程中，每隔一个锚段将安装一个膨胀接头，隧道内温度变化小，安装间距约 90m，地面段约为 75m。膨胀接头结构如图 3-26 所示。

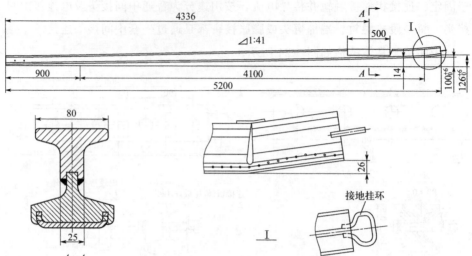

图 3-25 下磨式第三轨的端部弯头结构

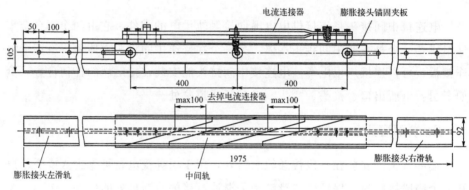

图 3-26 膨胀接头结构

为了保证受电靴顺利通过膨胀接头，左右滑轨和中间轨一般要对角切掉15°以使表面连续，以便使受电靴可以平滑地从一端过渡到另一端。膨胀接头左右滑轨和中间轨的连接靠锚固夹板（特殊的长普通接头），膨胀接头两侧的接触轨因热胀冷缩而产生长度变化时，膨胀接头使其左右伸缩自如并得到补偿，又具有良好的导电性能。当接触轨布置于高架桥梁区段时，桥梁梁体同样会在热胀冷缩效应下产生线性伸缩。因此计算膨胀接头间隙时，在考虑接触轨本体随温度变化产生伸缩量的基础上，还需要计及桥梁梁体伸缩的影响，并以此来指导高架区段接触轨的平面布置。

4. 防爬器

第三轨设置防爬器来约束接触轨的纵向移动，一般情况下，防爬器设置在两膨胀接头之间或者膨胀接头和端部弯头之间，每个接触轨锚段均应设置防爬器，防爬器的安装应尽量靠近接触网锚段的中点，在高架桥的上坡起始端、坡顶、下坡终端等处均应设置防爬器。当坡道较大，纵向受力较大时，可以采用2~3组防爬器或者锚结防爬器，如图3-27所示。

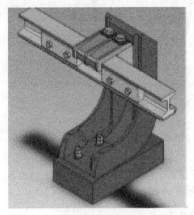 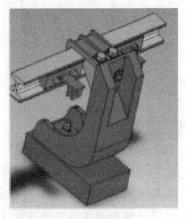

(a) 普通防爬器　　　　　　　　(b) 锚结防爬器

(c) 锚结防爬器安装效果

图3-27　防爬器与中心锚结

5. 防护罩

防护罩的设计和安装主要是为了防止人员与接触轨及其带电部分接触，保证集电靴无障碍通过，防护罩的安装应罩住所有接触轨，安装方位包括正线、车辆段、停车场、联络线、折返线和渡线。常用的下接触式接触轨防护罩根据安装位置的不同可分为普通防护罩、绝缘支架处用防护罩、电连接处用防护罩、端部弯头处用防护罩、膨胀接头处用防护罩，如图3-28所示。

防护罩有较好的机械强度和绝缘性、耐火性。防护罩用支架固定在接触轨上，安装时通过安装在接触轨本体上的支承垫块起到支承防护罩的作用。

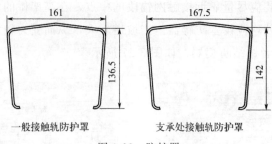

图 3-28 防护罩

复习思考

3-1. 简述城市轨道交通接触网系统的分类。

3-2. 简单比较各种城市轨道交通接触网的优缺点。

3-3. 简述接触轨系统三种授流方式的优缺点。

3-4. 简述柔性架空接触网系统接触悬挂的类型。

3-5. 简述锚段关节、中心锚结和下锚补偿装置的作用。

3-6. 简述刚性架空接触网常见的装配形式。

3-7. 简述接触轨系统的主要构成部分。

阅读材料

干线电气化铁路和城市轨道交通都采用电气牵引，这里进行简单的比较。在供电制式上，干线铁路采用15kV、25kV的单相交流电，电压高，供电距离长，供电臂可达20～30km；城市轨道交通接触网一般采用750V、1500V的直流电，电压低，供电距离短，一般在1km左右。干线铁路接触线高度一般为5300～6500mm，城市轨道交通接触线高度一般为4040～4400mm。干线电气化铁路承力索张力为10～25kN，接触线张力为10～31kN，设计运行速度越高，线索张力越大，线索材质类型较多；城市轨道交通中线索张力一般为12～15kN。但是城市轨道交通接触网系统的工作电流要明显大于干线电气化铁道，其牵引电流可达3000A以上，以柔性架空接触网为例，导体截面积在600mm^{2}以上，干线电气化铁路接触网导体截面积一般为200mm^2，工作电流为400～1000A。

第四章
城市轨道交通继电保护装置运营与维护

问题导入

从字面意义来说,"继电保护"可以理解为"为了实现持续可靠供电而在电力系统中采取的一系列的保护技术手段"。随着城市轨道交通高负荷的运营,其供电系统面临着严峻的考验。那么,城市轨道交通供电系统中设置了哪些继电保护装置?它在运营中起到哪些重要作用?如何应用和维护这些继电保护装置?本章将予以简述。

学习要点

① 了解城轨交通供电直流系统保护特点和保护配置。
② 了解整流变压器与整流器的保护设置方案。
③ 了解大电流脱扣保护、DDL保护(电流上升率及电流增量保护)、定时限过电流保护、接触网热保护、低电压保护、框架泄漏保护、过电压保护(轨道电位限制装置)等直流供电系统继电保护的保护原理、整定方案、动作结果。

第一节　城市轨道交通供电系统继电保护配置

一、城市轨道交通供电直流系统保护概述

目前,城市轨道交通供电一般采用直流牵引制,因此,城市轨道交通供电直流系统实质上就是牵引供电系统。牵引供电系统保护的最大特点就是系统的"多电源"和保护的"多死区"。所谓"多电源",即当牵引网发生短路时,并

非仅双边供电两侧的牵引变电所向短路点供电,而是全线的牵引变电所皆通过牵引网向短路点供电。所谓"多死区",是因牵引供电系统本身构成的特点和保护对象的特殊性而形成保护上的"死区"。任何保护的最基本要求,就是当发生短路故障时,首先要迅速"切断电源""消除死区"。针对这两点,牵引供电系统除交流系统常用的保护外,还设置了牵引变电所内部联跳、牵引网双边联跳、电流上升率 di/dt、电流增量 ΔI 等特殊保护措施,这就可以完全满足上述要求。

对任何供电系统的继电保护而言,可靠性总是第一位的,而对直流牵引供电系统,速动性是可以看成和可靠性同等重要的,所以直流侧保护皆采用毫秒级的电器保护设备,如直流快速断路器、di/dt 及 ΔI 保护等。至于选择性,在直流牵引供电系统中则处于次要位置,其保护的设置应是"宁可误动作,不可不动作",误动作可以用自动重合闸进行矫正,不动作则很可怕,因为牵引供电系统短路时产生的直流电弧,如不迅速切断电源,就可以长时间维持燃烧而不熄灭。而交流电弧不同,其电压可以过零,自动熄灭。

直流牵引供电系统的保护,主要是由直流断路器与保护装置配合构成。在直流牵引供电系统中,直流断路器按功能分为进线断路器(也称总闸开关,如图2-24中的201、202)和馈线断路器(也称分闸开关,如图2-24中的211~214)。进线断路器主要控制和保护直流母线;馈线断路器主要保护牵引网。当变电所近端直流电缆、接触网发生故障时,通过馈线断路器的跳闸能迅速切除故障,若馈线断路器因故不能跳闸,可由进线断路器跳闸,但时间略长。

总之,城轨交通供电直流系统的继电保护应考虑以下几个主要因素。

① 直流系统保护应充分考虑到各种保护之间的相互配合关系,以保证在直流系统发生短路故障时,能可靠地切除故障。

② 直流系统保护应保证在列车正常运行时,不会误跳闸而影响列车运行。包括列车启动时的影响(启动电流、时间以及引起的短时电压下降),列车过接触网分段时的冲击电流的影响。

③ 直流系统保护应充分考虑某些特殊的故障形式下的保护,如接触网与架空接地线、接触网与隧道内电缆支架、接触网与屏蔽门的短路等故障。

二、城市轨道交通供电直流系统继电保护配置

城市轨道交通直流保护系统必须在系统发生故障时快速、准确地切除故障,同时又要避免列车正常运行时一些电气参数的变化引起保护装置误跳

闸。后备保护的存在增加了故障切除的可靠性，同时也增加了与主保护配合的难度，所以保护的配置也不宜过多。不同的牵引变电所其电气特性不同，运行要求不同，所以保护装置的整定值不同，甚至保护装置的配置亦不相同。

从直流主接线形式的构成角度考虑，直流系统的保护可分为直流进线保护、直流馈线保护、框架泄漏保护以及钢轨电位限制装置保护等。下面简要介绍一下直流进线保护和直流馈线保护。

1. 直流进线保护

直流进线保护包括：
① 大电流脱扣保护；
② 逆流保护；
③ 被牵引整流机组中压侧开关联跳；
④ 被框架保护联跳。

2. 直流馈线（包括备用馈线）保护

直流馈线保护包括：
① 大电流脱扣保护；
② 电流变化率 di/dt 及电流增量 ΔI 保护；
③ 接触网热过负荷保护；
④ 线路测试及自动重合闸；
⑤ 定时限过流保护；
⑥ 低电压保护；
⑦ 车站 IBP 盘（综合后备盘）紧急分闸；
⑧ 被框架保护联跳；
⑨ 被进线开关联跳，当一路进线故障跳闸后，另一路进线再分闸，或者当一路进线分闸后，另一路进线再故障跳闸，则联跳所有馈线开关，实现变电所联跳保护功能；
⑩ 被相邻牵引变电所直流馈线断路器联跳；
⑪ 牵引变电所联跳保护，虽然直流馈线断路器设置了多重保护，但都属于近后备保护，无远后备保护，当开关失灵时，将无法切除故障电流，考虑到直流断路器的失灵情况，在牵引变电所直流系统各开关处设联跳保护，当直流进线开关或馈线开关中有任一台开关拒动时，发出联跳信号，将本牵引变电所范围内的所有直流进线断路器和直流馈线断路器联跳分闸，实现短路电流的完全切除；

⑫ 大双边联跳自动转换保护，当正线中间线路上的任意一座牵引变电所退出运行时，通过大双边联跳自动转换功能，将两侧相邻牵引变电所直流馈线的联跳信号连接起来，自动形成大双边联跳方式转换。

在牵引变电所内，各牵引直流设备一般共同设一套直流设备框架泄漏保护装置，该装置一般设在负极柜内。

第二节 ••• 整流机组继电保护装置运营与维护

整流变压器与整流器合称为牵引整流机组，是城市轨道交通牵引变电所中的核心设备。在牵引变电所中，交流进线电压通过整流变压器降压，然后经整流器将交流电变成直流电供电动车辆使用。

一、牵引整流机组的故障和不正常运行状态

为提高直流供电质量，降低直流电源脉动量，通常采用多相整流方法，采用 6 相、12 相整流，甚至是 24 相整流。为此，整流变压器不仅仅起降压作用，还将三相交流电变成多相交流电供整流器整流。整流变压器和整流器组合称为牵引整流机组，作为交直流系统变换的重要环节，承担着将中压交流（10kV 或者 35kV）电能变换为直流（750V 或者 1500V）电能的任务，是城市轨道交通牵引变电所中的核心设备。

设计选择牵引整流机组时，既要考虑直流供电质量，还要顾及整流变压器利用率。从这一点来说，直流牵引供电制式比交流牵引供电制式更有利，因为交流牵引供电制式是在机车上将高压交流电进行降压整流的，而车辆空间有限，不可能安装太复杂庞大的设备，只能进行单相整流供电。相反，直流牵引变电所却可以在地面安装比较完善的整流装置。

牵引整流机组从提高变压器利用率、减少注入电网谐波含量两方面考虑，经济有效的方法是在三相桥式整流电路基础上增加整流相数。为此，用三相桥式整流电路构成 12 脉波整流或等效 24 脉波整流的接线方式，目前获得了广泛应用。

一个脉波数为 P 的整流器，在其直流侧将主要产生 $n=kP$ 次的谐波，而在其交流侧将主要产生 $n=kP\pm1(k=1,2,3\cdots)$ 次谐波。因此脉波数越大，越可减小整流电路低次谐波含量，提高功率因数。

整流桥直流侧脉波数越多，整流元件导通电角度间隔越小，直流成分也就越纯净。为尽量减小交流输入电流波形里所含谐波成分，提高交流电流正弦度，并降低输出电压脉动振幅，减小滤波电感的电感量（通过提高脉动频率），可以通过并联或者串联多个整流机组来实现，而各机组的变压器接线需采用不

同的组别,以获得需要的相位移。

随着我国城市轨道交通建设的快速发展,为了减少网侧(交流中压侧)谐波电流的影响,轨道交通用牵引变电所所采用的整流方式已经从过去的6脉波、12脉波向24脉波过渡。等效24脉波整流系统在抑制谐波方面可取得良好效果,对电网造成的电流谐波含量比12脉波整流下降大约50%。

牵引整流机组主要故障和不正常运行状态包括:一次侧短路、二次侧短路、变压器过负荷、直流母线短路、牵引变压器过温、整流器过温、整流器硅元件故障。

二、牵引整流机组的保护配置

针对整流变压器一次侧短路,装设电流速断保护;针对整流变压器过负荷、二次侧短路及直流母线短路,装设过流保护;牵引整流机组过负荷,装设过负荷保护;整流变压器温度过高、整流器温度过高,分别装设温度保护;整流器硅元件故障,装设整流器硅元件保护。

除以上保护配置外,还装设了直流设备框架泄漏保护联跳,保护启动后,联跳中压侧馈线开关以及本牵引所的所有直流断路器、相邻牵引所直流馈线断路器,联跳直流进线开关,当牵引整流机组中压侧馈线开关跳闸后,联跳直流进线断路器。

三、整流变压器保护原理

整流变压器不同于电力变压器,它有许多特殊的地方,首先,它的阀侧(交流低压侧,与整流器相连)绕组为正反双星形(或双角形)连接,有的还是1拖2形式,再者,阀侧电压低,电流却很大,所以不能像电力变压器一样设置变压器纵联差动保护。在保护设定方面,需要面对更加严重的情况:假如整流柜内部发生短路,在弧光的作用下,极易造成整个直流系统的正、负母排之间的短路。此时,所有整流机组均向故障点供电,巨大的短路电流可能造成母线、直流刀开关等设备严重损坏,多个快熔、整流元件烧毁。强大的短路电能在故障点引起爆炸、起火等,烧毁整流装置或整流变压器,甚至扩大事故,造成人员伤亡。

1. 电流速断保护

电流速断保护作用于中压交流断路器(如图2-24中的106、107)使之跳闸,要求:躲开整流变压器的励磁涌流,并应大于整流变压器的额定电流,不考虑继电器的返回系数。同时,与直流系统框架泄漏保护装置配合,在直流侧发生接地或弧光短路时,作用于断路器使之分断跳闸。保护整定值计算公式为：

$$I_{act} = K_{rel} K_c I_{NT} n_i \tag{4-1}$$

式中　K_{rel}——可靠系数，1.5~3.0，实际值可取 2.5；

　　　K_c——接线系数，当继电器接于相电流时，$K_c=1$；

　　　I_{NT}——整流变压器一次侧额定电流，A；

　　　n_i——电流互感器变比；

　　　I_{act}——继电器动作电流，A。

2. 定时限过流保护

由于送电时整流机组是在低挡位合闸，保护定值应躲过合闸冲击电流，或设置带时限过电流保护。

保护分别延时或瞬时动作于整流机组断路器，动作电流的计算与瞬动过电流保护计算相同，只是 K_{rel} 取 1.1~1.5，延时整定值取 0.3~0.5s，并考虑继电器返回系数（按 0.85 计算），同时取消合闸后延时装置。

3. 过负荷保护

过负荷保护的作用是防止整流机组在生产运行过程中出现过负荷而烧毁整流变压器。由于电力机车牵引负荷变化较大，容易出现过负荷运行的实际情况，可设置过负荷保护作为整个保护的后备保护。

在设置的保护中，电流速断保护作用于跳闸回路，是整流变压器的主保护；而定时限过电流保护作为整流变压器的后备保护，在主保护不能准确切除整流变压器阀侧故障时，其作用于跳闸回路，断开故障点，达到预防事故、防止事故扩大的目的。

4. 干式变压器温度保护

由于干式变压器无油污染问题，环氧树脂及选用的其他绝缘材料都具有难燃、耐潮、抗裂和免维护等特点，其可以安装在室内，深入负载中心，所以越来越多的用户在适当的时候优先选择干式变压器。

干式变压器的安全运行和使用寿命很大程度上取决于变压器绕组绝缘的安全。当干式变压器绕组的绝缘性能降低后，其导热性能受很大影响。在绝缘遭到损坏的位置，其温度将会急剧上升，当上升到一定极限值时，轻者造成干式变压器绝缘性能降低、使用寿命下降，重者可能造成绝缘击穿，干式变压器烧毁爆炸，甚至有可能危害运行维护人员的人身安全及整个电网的稳定，其损失不可估量。因此，对干式变压器的温度等运行数据进行实时监测及采取保护措施是十分重要的。

随着干式变压器技术的不断进步，其温度保护系统也得到了相应的发展。目前市场上存在多种干式变压器温度保护系统，比较常见的有单片机、PLC控制的热电阻式智能温度保护系统，比较先进的有非接触式红外测温、分布式光纤测温等温度保护系统。

城市轨道交通整流变压器温度保护是采用温度传感器测量绕组或绝缘的温度，同时外接一个温度控制器用于输出报警和跳闸信号。因干式变压器是分相布置的，因此应在每相配置一个温度传感器，该传感器嵌装在低压绕组的上部（低压绕组布置在接地变压器的内层，正常运行时内层绕组的上部温度最高）。

图4-1所示为TTC-300温度显示控制系统。温控系统通过温控箱和安装在低压绕组中的PTC（正温度系数）测温元件实现对变压器的温度检测和控制。对于自冷变压器配置二温控制箱，若由于故障或超载运行而使变压器绕组温度超过安全值，温控箱会发出报警信号直至发出超温跳闸信号。对于强迫风冷变压器配置四温控制箱，冷却风机的开停取决于绕组的温度，温度高于某一数值时，风机启动，对变压器进行强迫风冷；若温度进一步升高，温控箱将会发出相应的超温报警信号或超温跳闸信号。温显系统直观地显示变压器运行过程中绕组或铁芯的温度，可与温控系统配合使用。TTC-300温度显示控制系统采用PTC非线性电阻和Pt100线性铂电阻双重保护测温，用LED作温度显示，单片机控制，可显示绕组和铁芯温度，可校调控制温度，自动/手动启停风机，自动发出报警、跳闸信号，此信号同时送向变电所综合自动化系统。

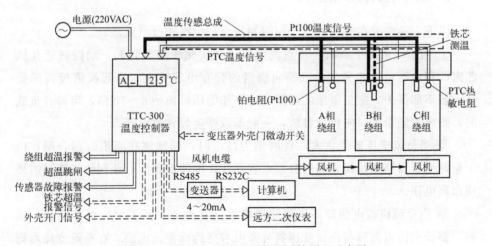

图4-1 TTC-300温度显示控制系统原理示意图

城市轨道交通整流变压器温度保护定值分跳闸与报警两种。跳闸定值的整定原则为比变压器绝缘系统的温度等级低5℃，以保证绝缘不损坏；报警定值的整定原则为比干式变压器绕组热点温度额定值低15℃，这是因为干式变压器绕组的最高温升与平均温升的差值目前尚缺乏资料（油浸式产品的差值为13℃），考虑到匝间故障点与温度测量点不一致，把裕度放大一些，将干式产品差值确定为15℃。

四、整流器保护原理

1. 换相过电压保护

在整流元件换相瞬间，由于载流子积累效应产生过电压，其最大值可以达到正常反向电压的5～7倍。为防止硅整流二极管在承受换相电压时产生过电压而遭到损坏，必须在阳极与阴极之间并接电容保护。电容两端电压不会突变，因此能吸收浪涌电压，为了防止电容与硅整流二极管组成的回路引起振荡而产生瞬间剧增电流，需串入换相电阻。在大功率的整流器中，换相保护的电容一般采用油浸式或金属膜电容。虽然电解电容也可以作保护用，但其电解液有可能干枯而导致开路或短路，为保证供电的可靠性，一般不选用电解电容。由电阻、电容组成的换相过电压保护电路如图4-2所示，图4-2中只画出一条整流臂的换相过电压保护电路，其余整流臂相同。

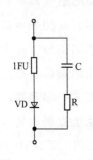

图4-2 换相过电压保护原理图

2. 交流侧操作过电压保护

以下3种情况在整流变压器的阀侧均会产生操作过电压。

① 当整流机组空载时，将整流变压器一次侧断路器切断，励磁磁通在铁芯内贮存的能量不能突变，只能向绕组的分布电容充电，引起幅值极高的振荡，若不加保护，振荡电压的峰值可达工作电压峰值的8～10倍，当带有负载时，则电磁能量可以向负载释放，一般不致产生异常过电压。

② 当整流变压器变化大，且网侧为高压时，则网侧在峰值时刻合闸，由于整流变压器网侧线圈之间有分布电容存在，因静电感应，使阀侧线圈瞬时感应出高电压。

③ 当整流机组电源侧高压断路器接通空载整流变压器时，由于系统、线路、整流变压器漏感与整流变压器分布电容等构成振荡电路，在整流变压器绕组上产生过电压。这一过电压的最大可能值为接通瞬间电源电压瞬时值的

2倍，因此，最大可能值为电源电压峰值的2倍，即整流变压器阀侧可能感应出2倍峰值的过电压。

上述过电压的产生，严重危及整流二极管，必须采用操作过电压保护措施。

一般情况下，操作过电压采用压敏电阻保护。压敏电阻是一种氧化锌非线性电阻。在正常交流工作电压下，晶体界面呈高电阻状态，有数百微安电流流过电阻，在过电压情况下（如承受浪涌电压时），晶体的界面上电压梯度很高，电阻率急剧增大（类似稳压二极管的齐纳击穿），并能转化为电阻的发热，即浪涌能量被压敏电阻吸收，这就是压敏电阻抑制过电压的原理。由于压敏电阻具有大的非线性系数，具有冲击通流容量大、无间隙、时间响应好、体积小和常态功耗低等优点，从低电压电子设备到超高压电气设备的过电压保护都得到广泛的应用。同时，为吸收静电过电压，一般也接入电容作保护。操作过电压与静电过电压保护接线如图4-3所示。

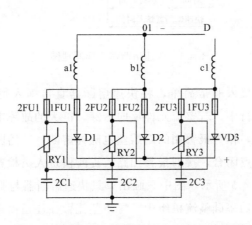

图4-3　操作过电压与静电过电压保护接线图

3. 直流侧过电压保护

城市轨道交通的运行工作情况决定了直流侧过电压的复杂性，直流侧接接触网，位于地面的部分不可避免要承受雷击过电压。在直流侧安装快速断路器，当断开直流侧故障电流时，产生操作过电压；另外，还有来自负载即城市轨道交通车辆上的过电压。若这些过电压处理不当，不但会影响整流设备的运行，而且还会影响线路中其他高压电器及城市轨道交通车辆的运行。因此，在直流侧加装 *RC* 过电压抑制回路和放电回路，防止直流快速断路器开合时产生的操作过电压损坏整流二极管，并在整流器输出端并联一个压敏电阻，抑制残余过电压。

4. 过流保护

快速熔断器用来切断内部短路电流或内、外部短路电流，使硅整流二极管得到保护。快速熔断器具有特殊的性能，且体积小、功耗小，并具有较大的断路容量，在切断短路电流过程中，具有快速限流的作用，并且不会发生具有危险性的过电压。由于快速熔断器的熔断速度很快，同时具有限流作用，短路电流尚未上升到最大值前，就可被它切断。快速熔断器的工作原理如图 4-4 所示。

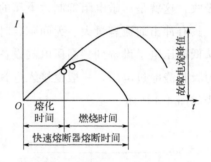

图 4-4　快速熔断器工作原理图

快速熔断器的接入非常简单，将快速熔断器直接串入每只整流二极管即可。整流机组在运行中，若整流元件反向击穿，巨大的故障电流流过快速熔断器，使其迅速熔断，作为报警用的副熔丝也随即熔断，其熔断指示杆弹出，推动微动开关常开触点闭合，接通报警回路，提醒值班人员检查处理。快速熔断器保护原理图如图 4-5 所示，图中只画出单只快速熔断器与整流二极管的保护接线，在实际的大功率硅整流机组中，每条整流臂往往是由多只整流二极管并联组成的，但每只整流二极管的保护接线相同。

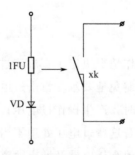

图 4-5　快速熔断器保护原理图

对于大功率整流机组而言，由于在整流臂各并联支路内串接快速熔断器作为故障支路的隔离器件，在整流管过电流或过电压击穿瞬间，快速熔断器即熔断，把故障电流切除，保护了其他支路整流元件的正常工作。快速熔断器主要起短路保护作用，也可以作过载保护。快速熔断器结构简单，保护范围广，并且具有极为优越的快速熔断性，因此，对于大电流硅整流机组采用以快速熔断器作为整流元件故障支路的隔离器件，以交流侧断路器作为唯一的保护器件。

当一个桥臂内只有一个快速熔断器的熔丝熔断或不同桥臂内各只有一个快速熔断器熔丝熔断时，发出报警信号；当一个桥臂内有超出一个熔丝熔断时，发出跳闸信号，使整流变压器高压侧（交流侧）断路器分闸，将整流变压器隔离开，当故障排除后，自动合闸，整流变压器将继续运行。

快速熔断器是利用金属导体作为熔体串联于整流二极管支路中，当过载或短路电流通过熔体时，因其自身发热而熔断，从而隔离某一支路，对整流二极管起到保护作用；它具有反时延特性，当过载电流小时，熔断时间长，过载电流大时，熔断时间短。因此，在一定过载电流范围内熔断器不会熔断，可以继续使用。快速熔断器有以下几个方面的作用：

① 当整流桥内部的整流二极管发生故障时，快速熔断器可以有效地隔离故障元件，而不影响其他元件工作。

② 当一个快速熔断器的熔丝熔断后，将断开此支路的故障电流，其余的快速熔断器不需要更换。

③ 当快速熔断器由外部故障产生的故障电流断开时，快速熔断器不会发生损坏或不需要更换。

④ 快速熔断器带有微动开关触点，当快速熔断器熔断后，会触发微动开关的触点，产生相应的信号用于报警、跳闸。

5. 逆流保护

当某个整流二极管失去反向截止功能，也就是造成整流器交流进线相间短路时，将发生整流器内部短路。此时，逆流保护能够发出跳闸信号或熔断器熔断指示信号。该逆流保护由串联在整流桥臂上的穿心式逆流电流互感器和一个逆流保护单元组成。当整流桥臂内的某一个整流二极管被反向击穿时，在故障二极管支路的熔断器开始熔断的弧前时间和燃弧时间内，将有故障电流流经这个桥臂，而接在逆流电流互感器二次侧的逆流保护单元就会发出信号。这个输出信号即是熔断器熔断指示信号或者断路器跳闸信号。

6. 温度保护

在整流器预测温度最高的元件散热器或铜母排上设置温度传感器元件，用于监视元件散热器或铜母排的温度，设置温度一段报警、二段跳闸，并可发出当地及远方信号。

第三节 直流系统电流类继电保护装置运营与维护

一、开关本体大电流脱扣保护

大电流脱扣保护是一种开关自带的应对电流幅值增大而动作的保护。大电流脱扣保护的动作特性是，当电流大于电流整定值时，开关脱扣器脱扣，装置动作使开关分闸。

1. 大电流脱扣保护的保护范围

大电流脱扣保护的保护范围与电流保护中的瞬时速断保护类似，用于切断近端短路的大短路电流，所以它对接触网近端金属性短路故障较灵敏，远端短路由于短路电流小，大电流脱扣保护很难动作。

2. 大电流脱扣保护动作电流的整定

如被保护线路短路电流的最小值为 I_{dmin}，则动作电流整定为

$$I_{OP} > K I_{dmin} \tag{4-2}$$

式中　K——可靠系数，其值大于 1。

3. 大电流脱扣保护动作时间

系统一旦检测到瞬时电流超过大电流脱扣的动作电流时，将立即跳闸。其固有动作时间仅几毫秒，所以大电流脱扣保护非常灵敏，尤其是电流上升非常快的近端短路，往往先于电流上升率及电流增量保护动作。缺点是对接触网中、远端发生故障时反应不灵敏，甚至拒动。

二、DDL 保护

直流牵引供电系统中，机车取流不是总保持在一个水平上，因受到机车起步、加速等操作环节的影响，电流变化频繁而复杂。当故障发生在中、远端时，由于线路阻抗变大，短路电流相对变小，电流速断和过电流保护可能不会动作，采用 DDL 保护，能灵敏地对故障做出反应，使断路器跳闸。

DDL 保护由电流上升率保护 di/dt 和电流增量保护 ΔI 组成，分为 $di/dt + \Delta I$ 与 $di/dt + \Delta t$ 两种，保护可单独投退。DDL 保护是通过综合考虑 di/dt 保护和 ΔI 保护来决定保护的动作特性，克服了单独 di/dt 保护易受干扰误动及 ΔI 保护存在拒动现象的缺点，所以 DDL 保护是使用最广泛的直流馈线主保护。DDL 保护通过检测分析电流上升率 di/dt、电流增量 ΔI 和持续的时间

t 等参数实现对中远距离短路故障的准确判别。

1. DDL 保护原理

该保护需整定的参数为 6 个：保护装置起始门限 E（电流上升率启动值）、保护装置复位门限 F（电流上升率返回值）、最大电流增量 $\Delta I_{\max}$、最大电流增量延时 $t_{\Delta I_{\max}}$、最小电流增量 $\Delta I_{\min}$、最小电流增量延时 $T_{\max}$。

启动值 E 和返回值 $F(E>F)$ 是电流上升率 $\mathrm{d}i/\mathrm{d}t$ 保护的两个定值。在运行当中，保护装置不断地连续检测馈线电流 I_f 及其电流上升率 $\mathrm{d}i/\mathrm{d}t$，并将 $\mathrm{d}i/\mathrm{d}t$ 与设定值 E 和 F 比较。

如果 $\mathrm{d}i/\mathrm{d}t>E$，则保护启动，进入延时阶段，同时开始测量电流增量 (ΔI) 并计时 (t)。如果测量值 $\Delta I>\Delta I_{\max}$，则经过一段时间 $t_{\Delta I_{\max}}$ 延时后，发出跳闸信号；或如果计时时间 $t>T_{\max}$，且电流的增量 $\Delta I>\Delta I_{\min}$，则发出跳闸信号。如果在延时阶段，电流上升率回落到保护整定值 F 之下，即 $\mathrm{d}i/\mathrm{d}t<F$，则保护返回，重新开始监测。

下面以表 4-1 某典型变电所的直流系统保护定值表加以说明，特性曲线如图 4-6 和图 4-7。

表 4-1 某典型变电所直流系统保护定值

保护名称	正线牵引变电所直流馈出断路器	
	保护试验整定	保护作用
I_{ds}开关本体速断	8400A	短路保护
E	60A/ms	中远端保护
F	25A/ms	中远端保护
$\Delta I_{\max}$	3500A	中远距离保护
$t_{\Delta I_{\max}}$	2ms	中远距离保护
$T_{\max}$	80ms	远端保护
$\Delta I_{\min}$	1800A	远端保护

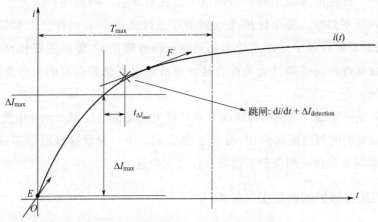

图 4-6 $\mathrm{d}i/\mathrm{d}t+\Delta I$ 跳闸特性曲线

第一种情况：当实测电流上升率 di/dt 大于 E 时，保护启动，由此开始计算电流增量，同时开始计时。在延时 $t_{\Delta I_{max}}$（2ms）时，如果电流增量大于 ΔI_{max}（$\Delta I_{max} = 3500A$），则由 ΔI 保护出口使直流馈线断路器跳闸。这就是 $di/dt + \Delta I$ 保护动作的情况，这种情况一般是发生了线路中段的短路。设置 $di/dt + \Delta I$ 保护的整定值要考虑以下四个参数的配合：E、F、ΔI_{max} 和 $t_{\Delta I_{max}}$。

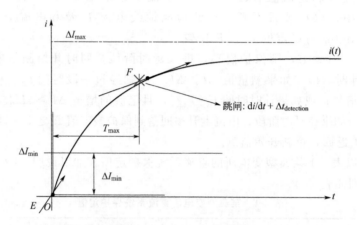

图 4-7　$di/dt + \Delta t$ 跳闸特性曲线

第二种情况：当实测电流上升率 di/dt 大于 E，保护启动，持续到 T_{max}（80ms）延时时间时，如果电流增量仅仅是大于 ΔI_{min}（$\Delta I_{min} = 1800A$），则 di/dt 保护出口使开关跳闸。这就是 $di/dt + \Delta t$ 保护的动作情况，这种情况一般是发生了线路末端短路。设置 $di/dt + \Delta t$ 保护的整定值要考虑以下四个参数的配合：E、F、ΔI_{min} 和 T_{max}。

综上所述，电流上升率 di/dt 保护和电流增量 ΔI 保护的启动条件通常都是同一个预定的电流上升率启动值 E。在启动后，两种保护进入各自的延时阶段，互不影响，哪个保护先达到动作条件就由它来动作。一般情况下，di/dt 保护主要针对中远距离的非金属性短路故障，ΔI 保护主要针对中近距离的非金属性短路故障（金属性直接短路故障由断路器自身的大电流脱扣装置来跳闸）。

需要说明的是，上述两种情况下在计算电流增量的过程中允许电流上升率在相对较短的时间内回落到 di/dt 保护整定值之下，只要这段时间不超过 di/dt 返回延时整定值，则保护不返回；反之保护返回。

2. DDL 保护的典型工况分析

图 4-8 是 DDL 保护的典型工况图，分析如下。

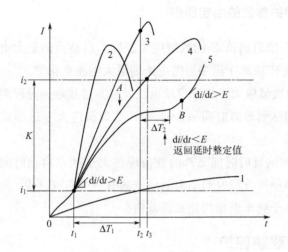

图 4-8 DDL 保护的典型工况

$K=i_2-i_1$，电流增量保护 ΔI 的整定值；E—电流上升率保护 di/dt 整定值；

$\Delta T_1 = t_2 - t_1$，di/dt 延时动作的时限整定值；

ΔT_2—di/dt 返回延时整定值

曲线 1：属于列车启动电流，电流上升率 $di/dt < E$；电流增量 $\Delta I < K$，保护不启动。

曲线 2：虽然电流上升率 $di/dt > E$，电流增量大于 K，保护启动，但延时时间 ΔT_1 不足，经过几毫秒的延时后，电流就开始下降，此时的 $di/dt < E$、$\Delta I < K$，保护返回。

曲线 3：$di/dt > E$ 时，保护启动，启动后开始计时（此刻记为 t_1）并计算每个采样点的 di/dt 和 ΔI 瞬时值。当 $t > \Delta T_1$ 后（即 t_2 后）电流上升率保持住 $di/dt > E$ 状态，且 $\Delta I > K$，保护动作，立即使断路器跳闸。

曲线 4：初始阶段 $di/dt > E$，保护启动，某一时刻（A 点），di/dt 小于整定值 E，保护并不立即返回，但从此刻开始记录保护返回延时时间 ΔT_2，$di/dt < E$ 的时间没超过 ΔT_2，保护不返回，继续判断电流增量 ΔI 值，在 t_3 处，ΔI 超过整定值 K，保护立即动作。

曲线 5：曲线前半段与曲线 4 相同，保护启动，但中间有一段 $di/dt < E$，并且持续时间超过返回延时时间 ΔT_2，所以保护返回。B 点时 $di/dt > E$，保护重新启动，并开始重新计时，继续进行 di/dt 和 ΔI 瞬时值采样。

对于远端故障电流由于其上升的速率比近端的慢，峰值也小很多，通常与列车启动或通过接触网分段时的电流瞬时值相近，甚至小于该电流。所以将远端故障电流与列车启动电流准确区分是变电所直流保护的难点。

3. DDL 保护参数的整定原则

① 电流上升率启动值 E 的数值应大于机车启动时的最大电流变化率，电流上升率返回值 F 应小于远端短路电流的最大电流变化率。

② ΔI_{max} 的数值应大于机车启动电流及机车过接触网分段时产生的冲击电流的最大值；当达到延时时间 ΔT 时，ΔI_{min} 数值应大于远端短路电流的电流增量。

③ 延时跳闸的延时时间 ΔT 的数值应该大于列车启动时间的最大值。同时考虑到通过接触网分段时列车内的滤波器有一个充电过程，所以 ΔT 的设定也要保证大于半个列车谐振周期及误差值。

三、双边联跳保护

1. 双边联跳保护原理

双边供电的接触网如图 4-9 所示，图中 QS_1 表示纵联隔离开关，需要越区供电时闭合，其他时间断开。一个供电区内由两个变电所供电，因此，当接触网发生故障后，距故障点近的直流馈线断路器首先感知到短路故障电流，并发出跳闸命令跳开本所开关，同时再由联跳装置向邻所发出跳闸信号，邻所收到正确的信号后，直流馈线断路器立即跳闸，此时邻所开关跳闸，与该开关中电流是否达到其整定值无关，这就是双边联跳保护。采用双边联跳保护后，只要两个变电所中有一个正确跳闸，另一个也会随之跳闸，保证与故障（例如短路）线路的完全隔离，因而提高了保护的可靠性。

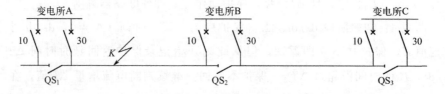

图 4-9 双边供电接触网示意图

假设 K 点发生短路后，距短路点较近的变电所 A 短路电流大，它的馈线保护中 di/dt 瞬时保护或速断保护先动作，使馈线断路器跳闸，跳闸后其联跳装置向相邻变电所 B 发出联跳信号，所以变电所 A 为主跳站。距短路点较远的变电所 B 被联跳，当它接收到变电所 A 联跳信号后，馈线断路器跳闸。

2. 双边联跳逻辑图

从图 4-10 可见，五种保护动作都能发出双边联跳信号，其中框架保护电流元件动作和紧急跳闸不允许重合闸，必须将其闭锁。

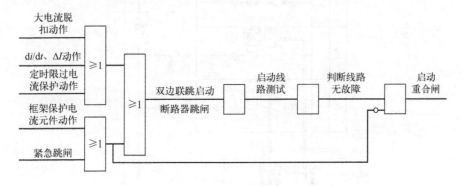

图 4-10　双边联跳逻辑图

3. 双边联跳方案

直流双边联跳保护功能是通过联跳电缆及两侧直流开关柜中配置的联跳继电器来实现的。图 4-11 为双边联跳方案实现图。

（1）相邻变电所的双边联跳

当本变电所一台断路器跳闸时，必须使相邻变电所内向同一区间供电的断路器同时跳闸；其功能可通过联跳电缆及两侧直流开关柜中的联跳继电器来实现，每条馈线 SEPCOS 数字式保护监控单元的联跳接收与发送采用独立的回路。

其具体实现过程如下。

首先，由一个变电所的一台馈线柜内 SEPCOS 型微机综合测控与保护装置通过联跳发送回路发出联跳信号，然后经联跳发送继电器及相邻变电所间的联跳电缆，将此联跳信号发送到相邻变电所的向同一区间供电的馈线柜内，最后经该柜内联跳继电器进入 SEPCOS 型微机综合测控与保护装置，使其实现断路器联跳动作。

（2）越区供电时三个变电所的联跳

当处于中间的变电所退出运行时，合越区隔离开关进行越区供电时，其相邻的两个变电所馈线断路器可以进行联跳信号转换。联跳发送继电器的输出信号通过联跳转换继电器传送给下一牵引变电所的相应馈线柜的联跳接收继电器。联跳转换只与本所馈线柜间接线有关，不需要任何外界连线。

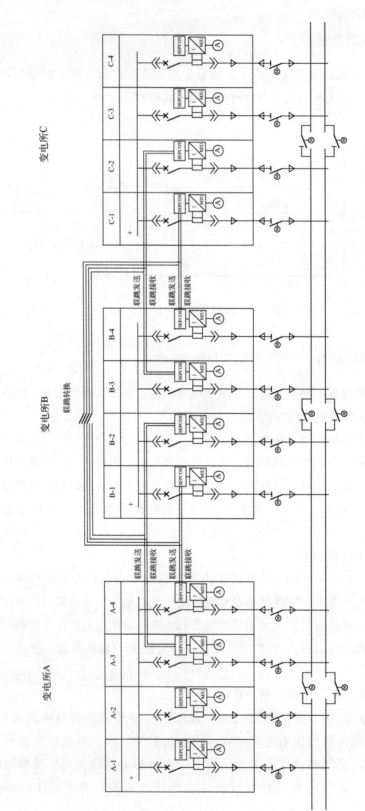

图4-11 双边联跳方案的实现

四、接触网热过负荷保护

当直流线路处于过负荷状态时,即使没有任何短路故障发生,接触线导线或进线电缆的温度也会上升,当过负荷电流流过时,该电流虽不致引起巨大的破坏,但持续时间过长,产生的热量会超过某些绝缘薄弱设备所允许的发热量,引起这些设备不同程度的损坏。

接触网热过负荷保护,其保护的目的就是要消除热过负荷故障,而非短路故障,其工作原理是根据接触网的电阻、接触网上流过的电流,计算出接触网的发热量,从而再根据接触网的热负荷特性及环境条件推算出接触网的电缆温度。测量的电缆温度超过 T_{alarm} 给出报警信号,超过 T_{trip} 则给该接触网供电分区的直流断路器断开。直流断路器断开后,电缆逐渐冷却,当温度进一步下降,低于 $T_{reclosure}$ 后,则重新合上直流断路器。接触网热过负荷保护可作为电流上升率保护的辅助保护。图 4-12 给出了接触网热过负荷保护动作的时序图。

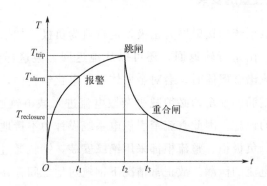

图 4-12 接触网热过负荷保护动作时序图

第四节 直流系统电压类继电保护装置运营与维护

一、低电压保护

低电压保护作用和定时限过流保护一样,作为电流上升率保护的后备保护,一般与其他保护形式互相配合,不作为单独的保护使断路器跳闸。它的整定值及延时必须与列车正常运行时的运行情况互相配合,应考虑最大负载下列车的启动电流和启动持续时间,还要考虑在一个供电区内多部列车连续启动的情况。当发生短路故障时,直流输出电压迅速下降很多,当输出电压小于整定值时，保护启动，在一定的延时时间内输出电压一直小于整定值，则低电压保护发出动作信号。

二、框架保护

直流框架保护的设置是由于直流开关带电设备对直流柜柜体发生泄漏或绝缘损坏闪络时，其泄漏电流不足以启动其他直流保护装置动作，这样就使原有的直流保护起不到应有的作用。而牵引变电所内的直流供电设备采用绝缘安装，主要包括直流开关柜、整流器柜、负极柜等。当直流开关柜的正极对设备外壳发生泄漏时，如不及时切除，容易将故障扩大为正极通过设备外壳对负极间的短路事故。而直流系统的短路电流非常大，正、负极短路时的短路电流可达几万安培，对直流设备将造成严重危害。框架泄漏保护是专门针对直流供电设备的正极与柜体发生故障时的保护措施。其保护原理是当正极对柜体外壳发生绝缘损坏时，能及时切除故障，保证系统的安全运行。

1. 框架保护装置的安装

直流牵引供电系统的接触网为正极，走行轨为负极。如果负极接地，则牵引负荷的回流除了由走行轨返回，还可以从地返回，但这样会使杂散电流增大，当杂散电流流出金属体时，会对金属体产生电化学腐蚀，为了保护设备金属体和建筑结构钢筋的安全，必须减少杂散电流进入城市轨道交通主体结构、设备及与其相关的设施。因此直流牵引供电系统设计为不接地系统，对直流供电设备如进线柜、负极柜、整流柜都采用绝缘安装，钢轨通过绝缘垫与大地绝缘，以减少杂散电流的泄漏。故正常情况下钢轨对地之间存在着阻值很大的泄漏电阻。

直流框架保护以动作类型分为电流型、电压型两种。通常电流型作为框架保护的主保护，电压型作为后备保护，同时电压型框架保护也是钢轨电位限制装置的后备保护。直流开关柜柜体以保护接地扁钢实现互通，保护接地扁钢通过框架保护的电流元件和接地电缆接地，如图4-13所示。

2. 框架保护动作原理

（1）电流型框架保护

电流型框架保护通过检测直流设备对地的泄漏电流来触发保护动作。直流电气设备框架通过负极柜内一套低阻抗框架泄漏保护装置与大地接通。当直流设备绝缘发生变化，例如，发生直流设备正极碰壳时，如图4-14所示，电流经"+"→设备外壳→K_i→接地网→PL→整流柜负极，构成回路，当直流设备对柜体的泄漏电流达到整定值时，电流型框架保护元件K_i动作，使相应的交、直流断路器跳闸，切除故障。排流柜在其中起到提高 K_i 电流保护元件灵敏度的作用。

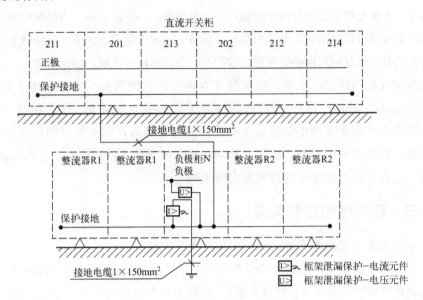

图 4-13 框架保护装置安装示意图

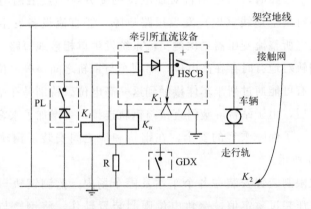

图 4-14 直流开关柜正极碰壳短路示意图

HSCB—直流断路器；K_1—牵引所直流设备碰壳短路点；K_2—接触网直流接地短路点；
PL—排流柜；K_i—框架保护电流元件；K_u—框架保护电压元件；
R—走行轨对地绝缘等效电阻；GDX—钢轨电位限制装置

（2）电压型框架保护

由于在城市轨道交通的牵引供电直流系统中，直流设备和钢轨都是采用绝缘法安装，钢轨对地的绝缘电阻是随着绝缘材料的性能变化的，所以电流型框架保护的电流回路的电阻是不确定的，当电阻很大时，可能会造成电流回路检测值达不到整定值的要求，从而发生设备绝缘下降而电流型框架保护没动作的情况，所以电压型框架保护就是为了弥补这个缺陷。

电压型框架保护通过检测直流设备框架对直流设备负极之间的电压来触发保护动作。电压型框架保护有两个定值：一个低定值，一个高定值。当线路检测元件测到的电压超过低定值时，经延时后保护装置发出报警信号；如果电压继续上升超过高定值时，经延时后保护装置使相应的交、直流断路器跳闸，切除故障。

框架保护动作的结果是：迅速跳开本站内所有的直流开关（如图 2-24 中的 201、202、211～214）、交流侧进线开关（如图 2-24 中的 106、107）及相邻牵引变电所向本区段供电的直流开关，故障排除后，需人工复归框架保护，断路器才能重新投入合闸。框架保护动作将直接导致大面积停电，自恢复送电的时间过程长，对列车运营造成极大的影响。

三、钢轨电位限制装置

地铁直流牵引供电系统，钢轨对地是绝缘安装。

正常运行状态下，供电区段内列车运行时，钢轨中流过牵引负荷电流，造成钢轨对地电位的升高（正值或负值）。钢轨对地电位的大小，主要与线路上机车的数量、负荷电流、牵引变电所间距、钢轨与地间的过渡电阻等因素相关。

当发生以下故障时，引起钢轨对地电位的陡升：①接触网与钢轨发生短路；②接触网对架空地线（地）发生短路故障；③直流设备发生框架泄漏故障；④牵引变电所整流变压器二次侧交流系统发生单相接地短路。

因此，钢轨对地有时存在高电位，而列车与钢轨之间是等电位的，当乘客站在站台时，有可能通过列车车体接触到这一高电位。特别是在站台上安装了站台屏蔽门之后，由于站台屏蔽门直接与钢轨连接，更增加了乘客接触钢轨高电位的机会。为了保障乘客的安全，在钢轨和地之间安装了钢轨电位限制装置，如图 4-14 所示。

钢轨电位限制装置安装在各个车站及停车场内，监测钢轨与地之间的电压。如果该电压超过整定值，钢轨电位限制装置动作，将钢轨与地短接。同时，监测流过装置中（钢轨与地之间）的电流，当该电流低于整定值时，装置将自动复位，断开钢轨与地的连接。

1. 钢轨电位限制装置动作原理

钢轨电位限制装置主要通过检测钢轨对地电压进行保护动作。地铁钢轨电位限制装置主要由多级电压测量元件和短路复合开关组成，短路复合开关电路由直流接触器和晶闸管并联组成。以某一运营的城市轨道交通线路为例，其钢轨电位限制装置的动作设置如下。

① 当钢轨电位大于 90V 并经一定延时时，接触器合闸使钢轨与地相连，

延时 10s 后分闸，如果在设定的时间内连续动作 3 次后，钢轨电位还偏高，则限制装置合闸后不再分闸。

② 当钢轨电位大于 150V 时，接触器无延时动作，不再分闸，直到电压恢复正常值，接触器断开。

③ 当钢轨电位大于 300V 时，晶闸管在 1ms 之内导通，使钢轨与地相连，同时接触器启动，其常开接点永久接通。若发生此类情况，必须由人工复归后方可重新合上开关。

上面条件②中，接触器动作虽然无延时，但接触器的固有动作时间比晶闸管反应长，所以当钢轨电位大于 300V 时动作最快。

2. 钢轨电位限制装置与框架保护的关系

电压型框架保护与钢轨电位限制装置保护两者都是检测钢轨电位对地电压的，不同的是电压型框架保护的作用是侧重于保护直流设备安全，相关进出线开关跳闸，隔离故障直流设备，钢轨电位限制装置保护的作用是降低钢轨对地电压，从而保护人身安全，而且不联跳相关进出线开关，牵引直流系统不受影响，列车仍可正常运行。

由于电压型框架保护电压整定值大于或等于对应的钢轨电位限制装置的值，而且动作延时时间较长，正常情况下当钢轨电位升高到一定值时，钢轨电位限制装置应首先动作，使钢轨与地连通，将钢轨电压泄入大地，把电位钳制在地电位，一旦钢轨电位限制装置拒动，引发电压型框架保护延时动作，产生报警或跳闸，起到了保障人身安全和设备安全的作用。

如线路没有发生短路故障，而是由于车辆运行中其他原因导致钢轨电位升高，理应由钢轨电位限制装置动作，但如果钢轨电位限制装置与电压型框架保护装置匹配存在问题，从而因钢轨电位限制装置拒动，而导致电压型框架保护装置动作，就会造成接触网大面积停电，严重影响地铁正常运营。

因此，钢轨电位升高到整定值，钢轨电位限制装置应首先动作，只有调整好钢轨电位限制装置和电压型框架保护时间配合关系，才能有效避免电压型框架保护误动作情况的发生。

第五节 直流馈线的控制功能及自动装置运营与维护

一、馈出线的线路检测装置

线路检测装置用于对直流馈线断路器进行控制。每个馈线柜中都有线路检测装置，在合闸前，对即将送电的接触网（接触轨）线路进行测试，以防止断路器与其近端短路故障点连通。

典型的线路测试原理图如图 4-15 所示。

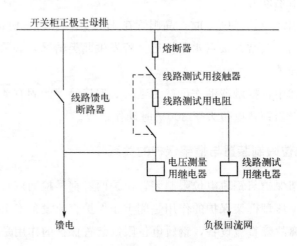

图 4-15　典型的线路测试线路图

线路检测装置在断路器合闸前进行线路测试，主要监测母线电压 U_z、馈线电压 U_f。

在开关柜主母线和馈线之间增加线路测试用电阻和线路测试用接触器，测量馈线电压 U_f，即馈线（接触网）与回流网之间的电压，将 U_f 与线路最小工作电压 $U_{f\,Low}$ 以及线路残压 $U_{f\,Residue}$ 比较；测量回路电阻 R，将回路电阻 R 与线路最小电阻 R_{min} 比较，确定是否可以合闸。一般来说，1500V 直流供电系统的整定参数为：$U_{f\,Low}=750V$，$U_{f\,Residue}=500V$，$R_{min}=2.5\Omega$；750V 直流供电系统的整定参数为 $U_{f\,Low}=450V$，$U_{f\,Residue}=150V$，$R_{min}=2.5\Omega$。

线路测试的各种情况如下。

① $U_z < U_{f\,Residue}$ 且 $U_f > U_{f\,Low}$，说明该段接触网线路已经由相邻牵引变电所馈线断路器合闸供电，该段接触网线路绝缘良好，本所断路器可以直接合闸。

② $U_z > U_{f\,Low}$ 且 $U_f > U_{f\,Low}$，说明相邻变电所已经合闸，本所总闸已经合闸，若电压差保护投入使用，则检测断路器母线侧和线路侧的电压差是否在允许范围，判断电压差是否在允许范围内，若电压差保护未投入，则馈线断路器直接合闸。

③ $U_z > U_{f\,Low}$ 且 $U_f < U_{f\,Residue}$，说明该段接触网线路尚未送电，无法确认绝缘是否良好，闭合线路测试用接触器时间为 T，将 $U_{f\,Residue}$ 加到线路上，测

量线路的回路电阻 R。如果电阻 $R>R_{min}$，则说明该段接触网线路绝缘良好，则断路器可以合闸；如果电阻 $R_{min}>R$，在"就地"模式下，线路测试停止并闭锁断路器。在"遥控"模式下，连续进行线路测试 N 次，每次时间间隔 D，若线路故障存在，线路测试停止并闭锁断路器。

④ 除上述三种以外的情况均闭锁断路器的合闸。

其中线路测试次数 N、两次测试的间隔 D、每次测试的时间 T 均可调。

二、自动重合闸装置

1. 自动重合闸的作用

牵引供电系统故障可分为以下两种类型。

瞬时性故障：在接触网线路被继电保护迅速断开后，电弧即行熄灭，故障点的绝缘强度重新恢复，此时，如果把断开的线路断路器再合上，就能恢复正常的供电，因此称这类故障为"瞬时性故障"。常见的瞬时性故障有：列车逆变器换向故障、雷击过电压引起绝缘子表面闪络或角隙避雷器放电、大风时的短时碰线等。

永久性故障：在线路被断开以后，故障仍然存在，这时即使再合上电源，由于故障仍然存在，线路还要被继电保护再次断开，因而就不能恢复正常的供电。此类故障称为"永久性故障"。

在直流馈线断路器柜中设置了自动重合闸功能，通过线路测试回路，计算线路残余电阻来判别故障性质，决定是否进行自动重合闸。

2. 采用自动重合闸的技术经济效果

采用自动重合闸的主要技术经济效果有：

① 大大提高供电可靠性，减少线路停电时间和次数，这对地铁供电这种一级负荷来说尤为重要；

② 在高压输电线路上采用自动重合闸，还能提高电力系统并列运行的稳定性；

③ 对断路器本身由于机构不良或继电器误动作引起的误跳闸，也能起到纠正的作用。

所以在牵引网和输电线路中都采用了自动重合闸装置。但采用自动重合闸后，当重合于永久性故障上时，也将带来一些不利影响，不利影响主要有：供电系统多受一次故障冲击；断路器的工作条件变得更加恶劣，在很短的时间

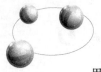

里，它要连续切断两次短路电流。

3. 自动重合闸的原则

自动重合闸的原则如下。

正常操作断路器合闸时，对线路进行多次测试（一般设定为3次），通过电流和电压的测量，计算线路残余电阻。线路正常则允许合闸，如线路存在持续性故障，则闭锁合闸。

当接触网发生故障时，断路器分闸，启动线路测试，并根据测试结果判别故障性质，如故障是瞬时性的，自动重合闸将使断路器重新合闸；如故障是永久性的，直流断路器不进行重合闸。

4. 自动重合闸条件

① 馈线断路器控制单元是否处于"自动模式"。所谓"自动模式"，是指馈线断路器柜控制单元在无保护装置动作及故障跳闸的前提下，从接到合闸指令开始进入的运行模式。是否处于自动模式，决定断路器跳闸后是否进行重合闸。

② 当接到分闸指令或框架泄漏保护动作信号，或接到框架泄漏保护联跳信号，或接到开关柜内部故障（断路器跳闸、断路器故障、断路器小车故障）信号时，控制单元退出自动模式，不进行重合闸操作。

③ 馈线断路器处于分闸状态。

④ 无接触网过负荷跳闸信号。

⑤ 无联跳信号。

5. 自动重合闸过程

直流馈线断路器的自动重合闸动作过程是通过控制单元内部程序来控制的，结合图4-16说明时间控制流程如下。

① 断路器跳闸后，在符合自动重合闸条件的前提下，进入自动重合闸程序。

② 自动重合闸程序设置重合闸总时间，约为85s，在总时间内根据线路绝缘检测情况进行若干次自动重合闸。

③ 第一次自动重合闸前设置基本等待时间，约为5s，主要考虑绝缘恢复时间及断路器触头冷却时间等因素。在等待时间结束后，进行2～5s的线路绝缘检测，考虑到列车负载阻抗，当线路对钢轨电阻大于1Ω时，判断为接触网

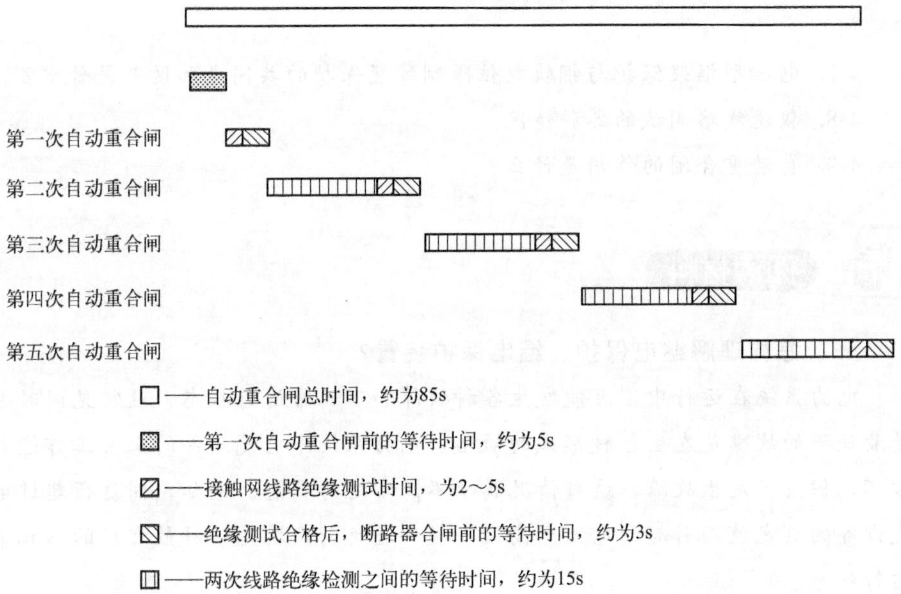

第一次自动重合闸
第二次自动重合闸
第三次自动重合闸
第四次自动重合闸
第五次自动重合闸

▢——自动重合闸总时间，约为85s
▨——第一次自动重合闸前的等待时间，约为5s
▨——接触网线路绝缘测试时间，为2～5s
▧——绝缘测试合格后，断路器合闸前的等待时间，约为3s
▢——两次线路绝缘检测之间的等待时间，约为15s

图 4-16　自动重合闸时间控制图

无金属性短路故障。等待 3s 后将断路器自动合上。在经过一段时间的等待后，断路器如果仍未跳闸，则控制单元判断为自动重合闸成功，退出自动重合闸程序。

④ 当绝缘检测不成功或断路器合闸后在短时间内再次跳闸，则控制单元判断为自动重合闸不成功，进入下一自动重合闸循环。等待 15s 后重新进行绝缘检测。

⑤ 当绝缘检测回路故障或断路器合于非金属短路点时，经过 4～5 次自动重合闸尝试仍无法取得成功。并且已经达到自动重合闸总时间（85s），控制单元判断接触网存在永久故障，退出自动重合闸程序，并将断路器操作闭锁。

复习思考

4-1. 简述直流牵引供电系统的保护配置情况。

4-2. 叙述大电流脱扣的整定原则及保护范围。

4-3. 简述 DDL 保护的工作原理。

4-4. 简述双边联跳保护原理，并解释双边联跳的主跳站和被联跳站。

4-5. 根据双边联跳逻辑图说明哪些保护动作需要双边联跳？

4-6. 为什么要设置框架保护？如果框架保护动作，具体说明哪些开关需要跳闸？

4-7. 电压型框架保护与钢轨电位限制装置保护的共同点和区别是什么？

4-8. 叙述线路测试的各种情况。

4-9. 自动重合闸的作用是什么？

 阅读材料

一、怎样理解继电保护、继电保护装置？

电力系统在运行中，可能发生各种故障和不正常运行状态，最常见同时也是最危险的故障是发生各种形式的短路。电力系统中电气元件的正常工作遭到破坏，但没有发生故障，这种情况属于不正常运行状态。例如，因负荷超过电气设备的额定值而引起的电流升高（一般称过负荷）就是一种最常见的不正常运行状态。

故障和不正常运行状态，都可能在电力系统中引起系统或其中一部分的正常工作遭到破坏，并造成对用户少送电或电能质量变坏到不能容许的地步，甚至造成人身伤亡和电气设备的损坏。

故障一旦发生，必须迅速而有选择性地切除故障元件，这是保证电力系统安全运行的最有效方法之一。切除故障的时间常常要求小到十分之几秒甚至百分之几秒，实践证明只有在每个电气元件上装设保护装置才有可能满足这个要求。

在电力部门常用"继电保护"一词泛指继电保护技术或由各种继电保护装置组成的继电保护系统。继电保护装置，就是指能反映出电力系统中所发生的故障或不正常运行状态，并动作于断路器跳闸或发出信号的一种自动装置。

二、继电保护的基本任务是什么？

① 自动、迅速、有选择性地将故障元件从电力系统中切除，使故障元件免于继续遭到破坏，保证其他无故障部分迅速恢复正常运行。

② 反映电气元件的不正常运行状态，并根据运行维护的条件（例如有无经常值班人员），而动作于发出信号、减负荷或跳闸。此时一般不要求保护迅速动作，而是根据延时电力系统及其元件的危害程度规定一定的延时，以免不必要的动作和由于干扰而引起的误动作。

③ 和自动重合闸装置配合。

三、如何构成继电保护装置？

继电保护装置的组成可概括地画成图 4-17 所示的结构方框图，主要包括三个部分：测量部分、逻辑部分和执行部分。

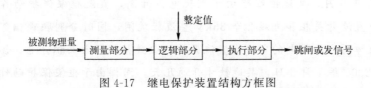

图 4-17　继电保护装置结构方框图

继电保护装置中各组成部分的作用是：测量部分测量从被保护对象输入的有关电气量，并与已给定的整定值进行比较，根据比较的结果，给出"是""非""大于""不大于"等具有"0"或"1"性质的一组逻辑信号，从而判断保护是否应该启动。逻辑部分根据测量部分各输出量的大小、性质、输出的逻辑状态出现的顺序或它们的组合，使保护装置按一定的逻辑关系工作，最后确定是否应该使断路器跳闸或发出信号，并将有关命令传给执行部分。继电保护中常用的逻辑回路有"或""与""否""延时启动""延时返回"以及"记忆"等。执行部分根据逻辑部分输出的信号，最后完成保护装置所担负的任务。如故障时，动作于跳闸；不正常运行时，发出信号；正常运行时，不动作等。

四、继电保护的基本要求有哪些？

无论是哪种原理构成的继电保护，在技术上都应满足四个基本要求，即选择性、速动性、灵敏性和可靠性。

所谓选择性就是指当电力系统中的设备或线路发生短路时，其继电保护仅将故障的设备或线路从电力系统中切除，当故障设备或线路的保护或断路器拒动时，应由相邻设备或线路的保护将故障切除。

所谓速动性就是指继电保护装置应能尽快地切除故障，以减少设备及用户在大电流、低电压运行的时间，降低设备的损坏程度，提高系统并列运行的稳定性。

灵敏性是指电气设备或线路在被保护范围内发生短路故障或不正常运行情况时，保护装置的反应能力。能满足灵敏性要求的继电保护，在规定的范围内故障时，不论短路点的位置和短路的类型如何，以及短路点是否有过渡电阻，都能正确反应动作，即要求不但在系统最大运行方式下发生三相短路时能可靠动作，而且在系统最小运行方式下发生经过较大的过渡电阻的两相或单相短路故障时也能可靠动作。

可靠性就是不误动、不拒动，是对继电保护最根本的要求。不误动是要求继电保护在不需要它动作时可靠不动作，不拒动是要求继电保护在规定的保护范围内发生了应该动作的故障时可靠动作。

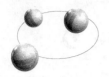

五、发生直流框架保护动作，高压供电巡检值班人员应急处理程序

1999年6月，某地铁线路由于钢轨电位升高，直流框架保护动作，引起本所6个直流开关柜和进线2个35kV整流柜跳闸，同时分别联跳相邻两个变电所向故障所方向供电的各2个直流开关，导致接触网大面积停电，影响行车42min；2005年1月3日，某地铁才开通几天，同样由于框架保护动作，导致某号线全线瘫痪，影响行车近4个小时。

针对上述地铁线路发生的框架保护动作情况分析，当时均没有发生短路故障，而是由于车辆运行和其他原因导致钢轨电位升高，应该有钢轨电位限制装置动作，但由于钢轨电位限制装置与电压型框架保护装置匹配存在问题，从而导致电压型框架保护装置动作。

一旦发生直流框架保护动作，就会向交直流开关发出跳闸命令，本所6个直流柜和2个35kV整流变柜同时跳闸，并联跳相邻2个牵引变电所各2个向本区段双边供电左右线开关，共12个开关柜跳闸。故障发生后，高压供电巡检和值班人员应沉着冷静，正确判断故障类型和停电影响范围，电力调度员也可以通过OCC控制中心SCADA工作台确认故障所保护跳闸和报警的类型，并及时通知值班主任和行车调度员，这里主要就高压供电巡检值班人员应急处理程序作以下介绍。

1. 本所有人值班

① 如果是电流型框架保护动作，值班人员应迅速打开负极柜后门，按下柜内K500（MAS-2）继电器上的红色复位按钮，使继电器复位，复位完成后应迅速关好负极柜后门，然后迅速在直流开关柜侧面板处，按下"复位按钮"复位。

② 如果是电压型框架保护动作，可直接在直流开关柜侧面板处，按下"复位按钮"复位。

③ 如果复位成功，迅速通知电力调度员，电力调度员可以直接合上所有跳闸开关。

④ 如果复位不成功，供电值班人员应迅速将故障所直流开关柜侧面板处联跳转换开关转换到切除位置，解除与相邻牵引所的联跳装置，联跳装置解除后，相邻牵引所被联跳的开关会自动重合闸，说明线路正常，此时故障牵引所的相邻2个牵引所之间已经单边供电（故障牵引所退出运行），电力调度员确认以上动作后，应尽快进行大双边越区开关操作，由单边供电转换为大双边供电运行方式。

2. 本所无人值班

如果发生直流框架保护动作的故障牵引所无人值班，那相邻牵引变电所肯定有人，一旦故障所发生直流框架保护动作，相邻牵引所值班人员得到信息后，应迅速将直流开关柜侧面板处与故障所联跳转换开关转换到切除位置，解除与故障牵引所的联跳装置，联跳装置解除后，故障牵引所相邻牵引所被联跳的开关会自动重合闸，说明线路正常，此时故障牵引所的相邻两个牵引所之间已经单边供电（故障牵引所退出运行），电力调度员确认以上动作后，应尽快进行大双边越区开关操作，由单边供电恢复为大双边供电运行方式。

第五章
城市轨道交通供电系统电力监控

问题导入

"恪尽职守，稳供电，保运营"，是每一个城轨交通供电系统工作人员的职责所在。《地铁设计规范》（GB 50157—2013）指出：地铁供电系统应设置电力监控系统，电力监控系统的功能应满足变电所无人值守的运行要求。电力监控系统的组成如何？都有哪些设备？可以实现哪些功能？本章将予以介绍。

学习要点

① 了解电力监控系统的组成。
② 熟悉电力调度系统（主站）的设备及其功能。
③ 掌握变电所综合自动化系统（子站）的设备结构与功能。
④ 掌握电力监控系统的功能。
⑤ 掌握地铁变电所电力监控的主要内容。

第一节　电力监控系统的概念及其硬件构成

电力监控系统又称为电力远动系统，简称 PSCADA 系统，是以现代计算机、网络、自动化及信息技术为基础的新型计算机集成系统。该系统可集成多个轨道交通自动化专业子系统，并可在集成平台支持下对轨道交通各专业进行统一监控，可实现各专业系统的信息共享及系统之间的联动控制，提高运营效率。

轨道交通电力监控系统是在供电系统设备的远程状态监控及远程控制的需求基础上逐步发展起来的。它对轨道交通供电系统中牵引降压混合变电所、降压变电所、跟随所、主变电所等不同变电所内的高压设备、中压设备、低压设备、直流设备、交直流电源屏、排流柜、钢轨电位限制装置等对象进行监视、测量、控制，实现对各种设备的信息采集、数据的分析处理、报表的统计、事故报警、历史信息查询等控制功能，因而对于保障城市轨道交通的安全运行具有重要的意义。

轨道交通电力监控系统由控制中心的电力调度系统（含车辆段的复示系统）、变电所综合自动化系统及联系两者间的通道三部分组成。其中控制中心的电力调度系统作为一个子系统纳入综合监控系统（ISCS），包括电力调度系统、供电复示系统、通信通道及通信设备等部分；变电所综合自动化系统则设置在全线的主变电所、牵引降压混合变电所、降压变电所内，跟随所不单独设变电所综合自动化系统，纳入其供电的主变电所、牵引降压混合变电所或降压变电所内，变电所综合自动化系统由站级管理层、网络通信层、间隔设备层、维护设备等部分组成；通信通道是利用综合监控系统组建的骨干传输网。

轨道交通电力监控系统网络结构图如图 5-1 所示。

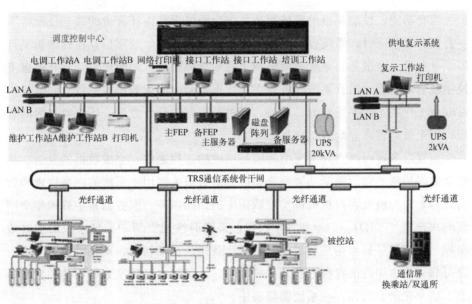

图 5-1　轨道交通电力监控系统网络结构图

一、控制中心电力调度系统

控制中心电力调度系统的主要设备包括：系统局域网络设备（中心机房网络交换机、调度大厅接入交换机、防火墙）、服务器（系统服务器、前置服务器）、工作站（调度员工作站、维护工作站、数据文档工作站、综合信息工作站、视频监视工作站)、打印机及其他网络连接附件、中心 UPS 电源等。

1. 系统局域网络设备

电力调度系统的局域网络采用双以太网的结构,互为备用。正常状态下双以太网同时工作,可根据需要分担不同的数据传输或是平衡网络的负荷;当任一网络发生故障时,系统发出报警信息,在一定时间内由非故障网络承担全部的数据传输,保证系统的持续运行。系统根据不同功能要求进行网段划分,以保证系统网络的效率、安全性及可靠性。

网络结构采用开环总线型结构,配置以太网交换机,通信协议采用 TCP/IP 协议。传输媒介采用高品质的超 6 类双绞线或光纤,通信速率不小于 100Mb/s。系统网络具有良好的扩展性,网络节点的增加不会影响网络性能。

防火墙设备采用机架式结构,安装于前置服务器柜内。支持硬件防病毒功能、流量监控功能。

2. 服务器

两套功能、性能相近的系统服务器作为网络内其他计算机的共享资源。当一套服务器故障时,系统自动切换到另一套服务器上,故障信息在打印机上打印,并在另一台服务器系统故障画面上显示故障信息。系统服务器具有数据流控制及管理功能,两套系统服务器支持数据校验以确保数据库一致,同时提供对双机工作状态的在线检测。此外,还进行数据的后台处理、历史数据库的管理、网上节点资源分配等工作。

前置服务器可以实现与变电所监控系统的远程通信,完成数据的发送、接收及数据的预处理。两套功能完全相同的前置服务器用于系统的网络管理和数据处理,并为所有客户机提供实时数据库的访问服务。服务器集中管理整个网络的用户账号 (ID)、口令和客户权限,高实时性地更新和处理系统的实时数据库。两套服务器采用热备用的方式互为备用、自动切换,确保整个系统的安全可靠。当主用的前置服务器发生故障时,系统可自行转换到备用的前置服务器,信息记录自行保存在系统警报表中。

前置服务器的接入容量应满足现场被控站接入的需要,并留有一定的扩展裕度,保证能处理不少于 10 万点监控数据的要求。

3. 工作站

(1) 调度员工作站

调度员工作站用于调度人员的日常控制、监视和调度管理工作。两个调度员工作站完全等价、并行工作,任一时刻两者均能同时监视各种信息,但在任意时刻仅允许一台调度员工作站发出控制命令。每个调度员工作站可对调度员的控制操作及供电系统进行实时监视,对所管辖范围内的供电系统进行调度管理。此外,调度员工作站同时还具有运营管理功能,完成调度文档管理、统计报表生成制作等功能。

(2) 维护工作站

维护工作站用于维护系统软件,定义系统运行参数,定义系统数据库及编辑、修改、增扩人机界面画面等工作;并同时具有网络管理功能,对全线网络设备进行设置和管理。当调度员工作站出现故障时,维护工作站通过系统设置可作为备用临时替代调度员工作站使用。

(3) 数据文档工作站

数据文档工作站主要利用各种实时数据和报表组态工具对数据进行选择、组合、累积、统计等加工处理,生成各种报表。

4. 打印机

系统配置两套具有网络功能的打印机,用于事件打印、报表/画面打印、程序打印。打印机接入系统双以太网,以实现两套打印机的网络共享。

5. 中心 UPS 电源

中心 UPS 电源可提供应急不停电电源。

二、供电复示系统

供电复示系统一般设置于停车场车间调度室,为满足运营统一管理的需要,在主变电所等处也可以增设复示系统,用于运营人员灵活监视全线变电所设备、接触网设备的运行情况及对全线进行杂散电流监测,使供电维护人员及时了解现场事故信息,提高处理事故的工作效率,缩短停电时间。供电复示系统还可与控制中心实现远程通信,完成维修调度作业计划的发送和接收,为检修人员提供第一手信息资料。

供电复示系统主要设备包括:1套复示工作站、1套设备管理工作站、1套交换机、1台打印机、1套 UPS 电源及工作台等。复示工作站配置等同于控制中心维护工作站,用于电力监控系统的复示;设备管理工作站等同于控制中心数据文档工作站,用于设备管理和杂散电流监测系统的监视;交换机用于复示系统的组网和远程通信,并配置光电转换装置用于连接到远程通信通道;UPS 电源采用在线工作方式,为复示系统提供 15min 备用电源。

供电复示系统工作场景如图 5-2 所示。

图 5-2　供电复示系统工作场景

三、通信通道及通信设备

1. 控制中心与各被控站之间的通信通道

控制中心与被控站之间由通信系统提供两路 100M 以太网双通信通道，在各站点通信设备室内提供两个标准的独立网络端口，接口形式为 10/100M 自适应以太网接口，物理接口为 RJ45。通信设备室至变电所采用光纤通信；如果控制中心通信设备室至电力监控系统机房的距离超过 100m，通信通道也采用光纤通信；由电力监控系统提供光缆和光电转换等连接附件，并负责连接。

主变电所就近车站内的变电所设置两套通道扩展交换机，用于远程通道的扩展。主变电所综合自动化系统先接到该两套通道扩展交换机上，再接入通信以太网通道。

2. 控制中心与停车场复示系统之间的通道

控制中心与停车场复示系统由通信系统提供两路 10M 专用以太网通信通道，两点各提供标准的独立网络端口，接口形式为 10/100M 自适应以太网接口，物理接口为 RJ45。停车场通信设备室至供电车间采用光纤通信，由停车场综合布线专业提供综合楼与信号楼之间的光纤资源、电力监控光电转换设备电源及安装位置，电力监控系统负责连接，接口位于综合布线间光纤配线架。

四、变电所综合自动化系统

变电所综合自动化系统作为电力监控系统的子系统,主要负责变电所内设备的控制、监视、报警功能,并负责变电所综合自动化系统与综合监控系统之间的数据通信功能。

变电所综合自动化系统由站级管理层、网络通信层和间隔设备层构成,采用集中管理、分散布置模式,分层、分布式系统结构。变电所综合自动化系统采用双机方案,在站级管理层设置两套监控单元,并与各个开关柜通信装置设置单独的网络通信通道。

某典型牵引降压混合变电所的综合自动化系统结构图如图5-3所示。

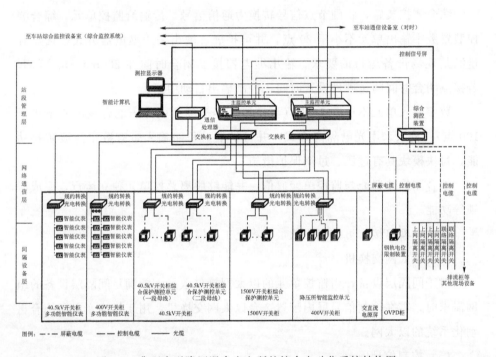

图 5-3 典型牵引降压混合变电所的综合自动化系统结构图

1. 站级管理层

站级管理层实现变电所综合自动化系统的管理功能。站级管理层设备主要为控制信号屏,包括屏内的监控单元、监控人机界面、综合测控装置、以太网交换机等设备。

(1) 监控单元

监控单元用于实现各类基础设备与监控人机界面、综合监控系统之间的通

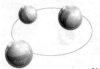

信传输，接收控制中心电力调度系统的指令，向间隔设备层设备发布指令，收集并处理从基础设备采集到的各类信息。

监控单元采用 UNIX、Linux 等通用性强的实时多任务操作系统。

变电所综合自动化系统设置两台监控单元，互为备用。

（2）监控人机界面

变电所综合自动化系统设置一台监控人机界面，该工作站采用工业一体化计算机，嵌入安装在控制信号屏的面板上。该工作站安装变电所综合自动化系统应用软件，提供变电所综合自动化系统的人机操作界面。工作人员通过此工作站监视变电所内各类供电系统设备的工作状态、报警信号等。

（3）综合测控装置

综合测控装置，将硬节点信号转换为通信信号，传输给监控单元。综合测控装置数字输出单元不小于 20 点，并可扩展，输出采用继电器方式，接点容量满足现场设备运行的要求。输出继电器接点闭合时间在 200ms～5s 可调，若接点闭合时间超过硬件设置时间，控制输出自动中断。

数字输入单元不小于 64 点（车辆段、停车场牵引降压混合变电所不小于 100 点）。输入采用光电隔离方式，并可扩展，每路输入带有数字滤波防抖功能，每块模块具有过压、过流保护措施。

综合测控装置能与监控单元通信，并能够脱离总控单元独立运行，完成联锁等功能。

输入、输出接口可扩充，数量应满足工程需要。

（4）以太网交换机

对于间隔层设备，当监控单元的以太网接口数量不能满足间隔层设备的组网需求时，需在控制信号屏内配置 2 台以太网交换机，用于构成变电所综合自动化系统的以太网。

（5）控制信号屏

控制信号屏用于集中放置站级管理层设备，同时为这些设备提供交流和直流电源。

变电所控制信号屏配有报警音响设备，当发生所内预告报警、事故报警时，可以通过不同的方式引起值班或巡视人员的注意。报警音响可以通过变电所控制信号屏手动按钮复归或自动复归，也可以通过控制中心或变电所综合自动化系统的人机界面远程复归。

控制信号屏设置于变电所控制室内，与变电所交直流电源屏并排安装。

城轨交通线路的全线各牵引降压混合变电所、降压变电所均设 1 面控制信号屏。

2. 网络通信层

网络通信层实现站级管理层与间隔设备层之间的通信。变电所内网络通信层包括基础设备与监控单元之间的通信光缆、电缆及光电转换装置。

光缆与通信电缆相比具有无电磁干扰的优点。为了避免变电所内电磁干扰信号造成数据传输电缆内的数据波动，35kV开关柜、1500V直流开关柜、0.4kV低压开关柜的智能测控保护设备均通过光缆介质接入变电所综合自动化系统。

鉴于变电所综合自动化系统对变电所内其余设备（如变压器温控器、排流柜）只是进行监视，因此这些设备通过通信屏蔽双绞线接入变电所综合自动化系统。

3. 间隔设备层

间隔设备层实现对基础设备数据的采集、测量等功能，包括综合测控保护装置或者智能采集装置等设备。

各供电系统设备均采用综合测控保护装置或者智能采集装置，与供电系统设备的控制/检测回路、电压互感器、电流互感器等二次设备连接，负责执行监控单元对供电系统设备的控制、监视、测量、保护等。

牵引降压混合变电所间隔设备层具体包括以下类型设备：

① 35kV开关柜的综合测控保护装置；
② 1500V直流开关柜综合测控保护装置；
③ 0.4kV低压开关柜的智能监控装置；
④ 牵引变压器温控器；
⑤ 配电变压器温控器；
⑥ 硅整流器智能采集装置；
⑦ 钢轨电位限制器智能采集装置；
⑧ 排流柜（含杂散电流监测装置）；
⑨ 交直流电源屏智能采集装置。

降压变电所间隔设备层具体包括以下类型设备：

① 35kV开关柜的综合测控保护装置；
② 0.4kV低压开关柜的智能监控装置；
③ 配电变压器温控器；
④ 钢轨电位限制器智能采集装置；
⑤ 交直流电源屏智能采集装置。

变电所综合自动化系统负责上述各类设备的接入,设备本身不包含于变电所综合自动化系统。上述各类设备可以采用的接口协议包括:

35kV 开关柜综合测控保护装置:Modbus,61850,IEC 60870-5-104,Profibus 等。

1500V 直流开关柜综合测控保护装置:Modbus,Profibus,IEC 60870-5-104 等。

0.4kV 低压开关柜智能监控装置:Modbus,Profibus,IEC 60870-5-104 等。

其他通信单元:Modbus,IEC 60870-5-104,Profibus 等。

4. 变电所自动化维护设备

变电所自动化维护设备包括便携式维护计算机及具有输入、输出、测量等功能的便携式模拟器。

第二节 电力监控系统的功能

电力监控系统作为综合监控系统的一个子系统,通过通信数据通道及各被控站的变电所综合自动化系统,实施对供电系统及设备运行状况的实时监控,及时掌握和处理供电系统的各种事故、报警事件,准确实施调度指挥、事故抢修和故障处理,为电力调度提供自动化管理手段,保证供电系统的安全可靠运行。

一、控制中心电力调度系统功能

电力调度系统由综合监控系统进行集成,实现电力监控的电力调度系统的功能。

1. 遥控功能

系统遥控功能,即在电力调度系统对接入系统的任何一个可遥控的对象进行合、分遥控。

遥控操作执行严格的权限管理,执行遥控必须是由有操作权限或经过授权的工作人员负责。在同一时刻,对同一控制对象系统只允许有一个遥控操作进行。

所有的遥控操作都必须保存到系统日志中。

遥控可分为单控、程控,单控的实现方式与变电所综合自动化系统相同。程控即为程序控制,是按照一定顺序和条件执行的一系列遥控操作。程控种类分为：标准控制序列、自定义控制序列。

（1）标准控制序列的程控操作

同一变电所或多个变电所的多个受控对象按照一定的安全联锁关系定义为一个顺序操作序列，操作员通过顺序控制画面，选择需要的顺序控制序列，对各受控对象进行操作。

顺序操作一旦被启动执行，将自动地按照顺序控制序列一步一步地执行。当执行过程中系统检查出安全联锁关系不满足继续执行的条件时，等待一段时间（时间可调整）重新检查该条件是否满足，如条件满足则继续执行，否则弹出一个是否继续进行的选择对话框，由操作员进行选择是否继续执行计划任务单中的后续控制命令。常用的顺序控制至少包括下列6种序列：直流牵引网送电序列、直流牵引网停电序列、直流牵引网区间停电序列、直流牵引网大双边送电序列、直流牵引网大双边停电序列、中压供电网络倒闸序列。

（2）自定义控制序列的程控操作

自定义控制序列主要用于临时的系统倒闸操作或站内倒闸操作。

自定义控制序列是由具有使用该功能权限的操作员，根据将要完成的工作任务，按一定操作顺序填写控制命令的集合，填写完成后操作员可以保存，并重复使用。

当操作员根据需要启动执行某个自定义控制序列后，系统根据该序列中的控制命令逐项执行，执行过程与标准控制序列的执行过程相同。

已执行的自定义控制序列，被立即保存，且任何人不能修改和删除，只有系统管理员在一定时间（如半年或一年）后可删除。

自定义控制序列任务单中含有工作地点、初始创建人、创建时间、最终修改人、修改时间、工作内容、执行情况、执行时间、执行人等内容。

2．遥信功能

电力监控系统从变电所综合自动化系统采集各种遥信信息，包括位置遥信和保护遥信。位置遥信分为单位置遥信和双位置遥信，保护遥信为单位置遥信。遥信信息在人机界面上实时刷新，以便操作员及时了解现场设备运行状态。

位置遥信包括各种断路器、隔离开关、接触器等设备的合、分状态，断路器手车的工作、试验位置状态，温度检测设备的过限与否等。

保护遥信包括各类保护动作、重合闸动作的启动、出口、失败等，分为事故遥信和预告遥信。事故遥信指使设备停电、停运的事故信号，预告遥信指不影响设备继续运行的故障信号。

按遥信的类型（事故总信号、断路器、隔离开关、手车、保护信号、通信状态、保护压板、预告信号、接地刀闸、PT 遥信、远方、就地等）分类定义遥信点变位描述，也可由用户进行自定义描述。变电所综合自动化系统计算机节点的工作状态、网络运行状态、通道运行状态等虚拟遥信点也可以定义为遥信采集内容。

3. 遥测功能

电力监控系统具有完善的遥测量处理功能。

(1) 变电所各种电气量的采集

包括测量对象的相电压、线电压、相电流、线电流、零序电流、直流电压、直流电流、杂散电流，牵引整流装置的谐波、有功功率、无功功率、有功电度、无功电度、电源频率、功率因数、变压器温度等。

(2) 完成各种数据格式的转换

可将二进制数格式、BCD 码格式、浮点数格式等各种格式的数据统一转换为实时数据库支持的数据格式。

(3) 超量程检查

系统对每个遥测信号要进行量程检查，超量程报警。

(4) 零点嵌位（近零死区的处理）

可在数据库中设置一个近零死区，当遥测值在近零死区范围内时可嵌位成零（下限值），当采集点的绝对值在归零死区内时，视该点数据为零值。

(5) 遥测信号的传送死区处理

对遥测量进行限值和死区检验，用于过滤不正常的采集量。

(6) 电度表满刻度及换表处理

回零处理：满刻度正确填写后，程序自动进行电度表回零数据处理。

换表处理：需人工参与，提供一程序界面进行电度表数据处理。

(7) 多种计算功能

实时数据库可为每个遥测量配置工程值换算系数和偏移量，从而完成实际工程值的计算。一些无法直接从子站采集的数据，可在实时数据库中编辑公式计算。

(8) 多种统计功能

每个遥测量都可进行 1min、15min、1h、4h、日最大值、日最小值、日平均值、日最小值出现时间、日最大值出现时间的统计。当采集点类型为电压时，还可进行电压合格率统计，结合系统强大的计算功能，提供了各种综合量的计算。

4. 遥调功能

电力监控系统具备遥调功能：调节有载调压变压器的调压开关，调整中压和直流继电保护的整定值组。

调度员可以对35kV、1500V开关保护装置的保护定值组进行统一管理，包括保护定值召唤、显示、保存、切换、打印等。调度员可以选择站名、装置名称、装置种类进行召唤显示、保存，保存后可以按照报表格式进行打印。

5. 断路器故障跳闸远方复归

当变电所断路器的智能保护装置检测到故障电流发出跳闸指令时，断路器故障跳闸，同时保护装置闭锁对该断路器的操作，中心电力调度员需要对被闭锁断路器的保护装置进行远方复位操作，解除其对断路器操作的闭锁，方可对该断路器进行遥控操作，使其能够重新投入运行。涉及就地检修人员安全的框架保护故障等不允许远方复归。

6. 保护投退

调度员可以根据系统运行方式的需要，对供电系统35kV、1500V设备的保护软压板进行投退操作。软压板的投退操作在专用界面上进行。投退操作都记录在日志中。中心调度员投入软压板时，变电所控制室无权解除压板。

7. 供电系统控制闭锁功能

供电系统具有控制闭锁功能：当现场供电设备故障时，引起相应断路器跳闸，则此断路器控制命令的操作被自动闭锁。被控对象在定义时，可编辑输入与之相关的闭锁条件，在满足闭锁条件时，执行命令应被自动屏蔽并给出提示信息。

8. 人工置数

具有操作权限的人员可以手工对系统采集的数据进行置数。人工置数后的数据须有明显标志以示与正常数据的区别。所有人工设置的状态量能自动列表显示。

9. 系统远程维护功能

通过控制中心维护工作站对变电所综合自动化系统进行维护。维护内容包括：对基础设备采集量的修改、人机界面更改、硬件参数配置。

利用远程维护工具可完成人机界面调阅，可进行系统及软件模块的启停、

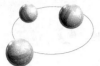

修改维护数据库、图形编辑、软件配置修改、系统故障的远程处理等操作。

10. 通道测试

系统支持控制中心至变电所的通信通道测试功能。控制中心可以通过人机界面上的测试按钮向变电所发送测试信息,当变电所综合自动化系统收到信息时,驱动变电所内继电器动作,并由智能测控单元采集继电器动作信号。变电所综合自动化系统向控制中心返回继电器动作信号。

11. 数据处理及打印功能

系统接收由变电所综合自动化系统传送上来的数据信息,经过各种算术及逻辑处理后,将数据存储到系统的实时数据库和历史数据库中,并可分类打印。

12. SOE(事件顺序)记录

SOE 记录用于分辨事件发生的先后顺序(如事故跳闸的顺序)。系统可以以各种方式(按时间、按事故源对象等)查询、分析和打印 SOE 记录。

13. 故障录波数据读取

当供电系统发生故障时,保护装置启动保护功能,使故障线路的开关设备在事故跳闸的同时,保护装置自动进行故障录波,并以每次故障为单位将故障录波文件存放在当地保护装置中。系统能读取保护装置故障录波数据并能显示、储存。远方召唤时,故障录波数据可通过通信口上传到控制中心,通信规约开放。

14. 统计报表功能

用户可以利用各种实时数据和报表组态工具对数据进行选择、组合、累积、统计等加工处理,生成各种报表,报表可以由用户自由设定,以定期(日、月或年)、定时(每日指定的时间)或召唤(用户指定的时间范围)方式打印,或以 Microsoft Excel 格式保存。

15. 显示功能

(1)人机界面显示

人机界面是调度员日常监控、操作的主界面,由运行监控程序和其他辅助的模块组成。主要提供如下功能:调度画面显示、调度员常用操作等功能;人机操作接口提供了窗口管理、画面显示以及操作等功能;在人机界面可进行相关程序启动操作；系统可显示供电系统图，牵引网系统图，各变电所主接线图，停送电程控画面，报警、预告画面及其他画面等；各类画面可以通过控制中心大屏幕画面显示，也可以在工作站人机界面显示。

（2）趋势显示

遥测量（电压、电流、功率等）按定义的保存周期保存在历史数据库中，曲线浏览程序根据每个遥测量保存的数据点，按要求通过曲线方式显示出来。

系统可以显示实时或者历史遥测量的趋势曲线（包括平均值、最大值、最小值等）。当进行实时趋势曲线显示时，曲线按照一定周期自动刷新。

（3）变电所综合自动化系统运行状况显示

系统能实时显示各个变电所综合自动化系统的运行状况。若发现系统设备发生故障，能自动报警提示维护人员，并对运行设备的设备名称、设备所在车站、故障发生时间、恢复时间、更换时间进行自动记录。

16. 事故反演功能

系统将从历史数据库中取出部分最近的事故及其发生的时间，它们按时间先后排序，其中最近发生的排在最前面。画面上可以反映某一事故发生前后的事故断面，可通过按钮逐步反演事故发生时全线遥信、遥测信息量变化的情况。

17. 报警功能

（1）事故报警能

供电系统一切非正常状态均可产生报警信息，报警信息包括：模拟量越限、数字量的状态改变、被监控设备非正常运行状态、监控系统自身及后备电源的故障。

报警方式包含声音报警、文字报警、打印报警、推画面报警、灯光报警等几种方式，可单独使用，也可组合使用，报警方式的实现可在调度工作站实现，也可在其他工作站实现，并可根据工作站的职责范围有选择性地报警。

报警等级分若干级，各级含义、颜色和声音在数据库中定义。

（2）报警事件打印功能

当供电系统内出现事故报警时，系统可以通过打印机实时打印供电系统发生的报警事件。打印内容包括：事件类别、事件发生站点、事件发生间隔位置、事件发生时间。

18. 使用权限管理

系统的使用权限有多个级：系统管理员级、检修管理员级、检修员级、中心操作员级、车站操作员级、显示级。不同使用级别可以分配不同的使用权限。

19. 控制权限管理

控制权限管理方式可分为：中心控制和车站控制的控制权互斥、就地控制和远方控制（中心或车站）的控制权互斥。

用户可以通过"系统控制权限管理"界面进行控制权移交、控制权查询、控制权强制解除功能。同时为应对突发事件，系统管理员可以强制解除控制权限，此时中心级调度员和车站级值班员都可以对站内任何受控对象进行遥控操作。

二、变电所综合自动化系统主要功能

变电所综合自动化系统实现变电所各种设备的保护、控制、监视、闭锁，电流、电压、功率测量，电能计量以及与调度通信等综合性的自动化功能。

1. 继电保护功能

35kV 进/出线保护、35kV 母联保护、35kV 馈线保护、1500V 直流保护、配电变压器本体保护、整流机组本体保护、逆变柜本体保护、0.4kV 进线保护、0.4kV 母联保护等。

2. 自动装置功能

设置 35kV 母联自动投入功能、1500V 带线路测试的自动重合闸功能、0.4kV 母联自投功能等。

3. 监控功能

液晶显示器采用数字通信方式与主监控单元通信，显示所内主接线图、所有事故、预告信号及柜号、所内各智能电子装置的运行状态、各种开关状态及动态实时数据等内容。监控系统的功能包括以下几部分内容：数据采集、事件顺序记录、故障记录、操作控制及信号显示、数据转发及人机联系。

对开关位置、故障信息、保护动作信号、预告信号等设备运行状态进行实时采集、显示、报警、存储等处理，并转发至综合监控系统。

通过配置电量采集模块对变电所内各种模拟量及脉冲量进行采集，可在液晶显示器上显示实时数据，并通过电力监控系统将信息送往控制中心。

4. 通信功能

通过变电所内通信网络实现主监控单元与开关柜内保护测控单元等各种智能电子装置之间的数据交换。通过综合监控系统提供的数据传输通道实现变电所与综合监控系统电力调度子系统的数据交换。

5. 事故、预告音响功能

所内任何事故、预告信号均发出音响信号，音响在一定的时间内自动消除，时间可调，音响设备设置"投入""撤除"功能。

6. 系统故障诊断功能

变电所内任何智能电子装置发生故障，均应报警，单个智能电子装置的故障，不影响整个网络的运行。任何智能电子装置的故障报警信息均能在综合监控系统的综合自动化系统结构画面上显示并报警。

7. 其他功能

通过外接便携式维护计算机能对控制信号屏内主监控单元软件进行编程、修改、调试及对各微机保护测控单元（或监控单元）软件进行日常维护。变电所综合自动化系统具有与通信机械室通信系统的子时钟、综合监控系统同步对时功能。系统具有容错、自检、失电保护、来电自恢复功能。

三、变电所综合自动化系统遥控、遥信、遥测对象

1. 主要遥控对象

AC35kV断路器、DC1500V断路器、接触网电动隔离开关、0.4kV进线断路器、母联断路器、三级负荷总开关及0.4kV主要馈线断路器的控制、自动装置投切、保护复归、微机保护定值切换的控制。

2. 主要遥信对象

AC40.5kV断路器、DC1500V断路器、逆变开关柜、接触网电动隔离开关、0.4kV断路器（进出线断路器、母联断路器、三级负荷总开关及主要馈线断路器）的开关位置、事故信号和预告信号，钢轨电位限制装置动作信号，交直流电源装置的相关信息。

3. 主要遥测对象

35kV进线电流；35kV母线电压；整流机组电流、有功功率、有功电能；

直流1500V母线电压；直流1500V馈线电流；直流1500V进线电流和回流电流；35/0.4kV变压器电流、有功功率、有功电能；0.4kV进线电流、母线电压；交、直流辅助电源装置母线电压；逆变变压器馈线电流、有功功率、有功电能；

变电所遥控、遥信、遥测"三遥"对象的数量称为变电所综合自动化系统容量，常规牵引降压混合所"三遥"对象的数量大致为935个，一般设计为1000个；常规降压所"三遥"对象的数量大致为463个，一般设计为510个。

5-1. 电力监控系统由哪几部分组成？
5-2. 简述电力调度系统（主站）的设备及其功能。
5-3. 简述变电所综合自动化系统的设备结构与功能。
5-4. 简述电力监控系统的功能。
5-5. 简述地铁变电所电力监控的主要内容。

智慧城轨

中国城市轨道交通协会消息：《中国城市轨道交通智慧城轨发展纲要》于2020年3月12日，正式发布实施。

建设智慧城轨的战略指向是：强调在自主创新基础上，围绕数字化、智能化、网络化，大力应用新技术革命成果并与城轨交通深度融合，准确把握智慧城轨的发展方向，以"推进城轨信息化、发展智能系统、建设智慧城轨"为建设主线，形成了"1-8-1-1"智慧城轨发展的布局结构：铺画1张智慧城轨发展蓝图；创建智慧乘客服务、智能运输组织、智能能源系统、智能列车运行、智能技术装备、智能基础设施、智能运维安全和智慧网络管理8大体系；建立1个城轨云与大数据平台；制定1套中国智慧城轨技术标准体系。统筹规划、顶层设计、自主创新、重点突破、分步实施。

供电智能运维——变电站环境智能采集系统

供电设施设备正常运行对环境指标有着严格规定，温湿度过高等环境条件变化情况，都不利于供电设施设备安全运行。

变电站温湿度过高会对供电设施设备造成的危害包括：温湿度过高会

使开关设备的空气绝缘间隙性能降低；空气中的水分附着在绝缘材料表面，使其绝缘电阻降低，积灰、积尘将更严重，易造成绝缘击穿；导电金属、金属外壳锈蚀，降低设备性能和使用寿命；电气设备内部场强分布不均，引起局部放电。

变电站环境智能采集系统采用了智能传感、物联网等技术，实时上传环境监测数据，实现变电站内环境温湿度24小时监测，运用智能运维大数据分析，精准定位异常站点。通过对各设备房间温湿度进行实时监控，系统设置温湿度阈值，对变电站房间温湿度异常变化发出预警。当变电站设备房（开关室、电力变压室、交直流电源屏室、蓄电池室、UPS室、远动机房）室内温度大于26℃、整流变压器设备用房室内温度大于35℃时，开启通风系统或制冷系统，变电站设备用房环境湿度应低于75%，当设备房环境湿度达到65%时，提前启用加热器及除湿机，当环境湿度小于60%时，停用加热器及除湿机。预防湿度过大引起的设备绝缘下降风险、凝露风险所带来的故障跳闸。将设备因温湿度而引发的故障消灭在萌芽状态。

第六章
城轨交通接地与杂散电流防护

问题导入

2020年6月5日，住建部发布公告，批准《地铁杂散电流腐蚀防护技术标准》为行业标准，编号为CJJ T49—2020，自2020年10月1日起实施。原行业标准《地铁杂散电流腐蚀防护技术规程》（CJJ 49—92）同时废止。杂散电流是怎样产生的？杂散电流为什么会在直流牵引供电系统中产生危害？有什么危害？城市轨道交通在限制杂散电流产生、减轻杂散电流危害方面有哪些原则、措施和设备？本章将从杂散电流的产生机理入手，分析杂散电流的腐蚀原理及危害性，详细讲述杂散电流腐蚀防护的具体措施、杂散电流监测的原理与设备、杂散电流排流的原则与设备等。

为了确保工作人员、乘客及地铁运营设备的安全，需要敷设可靠的接地装置，将需要接地的设备或设备的某一部分实施可靠接地。城轨交通系统如何完成接地？接地措施及接地装置如何？本章从基本概念入手，讲解城轨交通系统接地方式与接地装置。

学习要点

① 理解杂散电流形成的原因和特点。
② 熟悉杂散电流的腐蚀原理及其危害。
③ 掌握杂散电流防护的原则和措施。
④ 掌握杂散电流监测的内容和措施。
⑤ 理解并掌握杂散电流监测系统（装置）工作原理。
⑥ 理解并掌握排流柜结构及其工作原理。
⑦ 熟悉低压配电系统接地的主要方式。

⑧ 掌握接地、接地装置、接地电阻、接地方式等基本概念。
⑨ 能够识读变电所室内、室外接地装置布置图，掌握接地装置定期维护和检查的项目。

第一节　杂散电流的形成与危害

一、杂散电流的产生

地铁牵引变电所通过架空接触网（接触轨）向地铁沿线输送电能，电力机车通过其受电弓（集电靴）与架空接触网（接触轨）滑动接触而取得电能。电能驱动电力机车的牵引电机完成电能到动能的转换，然后经由与电力机车车轮相接触的走行轨（钢轨）回流至地铁牵引变电所。由于走行轨和大地难以做到完全绝缘，因此在回流过程中，牵引负荷电流并非全部沿电力机车的走行轨返回地铁牵引变电所，而必定会有一部分电流在钢轨与大地绝缘较差的地方泄漏流入大地，有一部分会再沿大地流回钢轨回路，最后流回地铁牵引变电所；而有一部分电流会永远留在大地中，形成地中电流。因此，杂散电流又称地中电流或者迷流（迷失电流）。地铁杂散电流形成示意图如图 6-1 所示。图中，I_F 是地铁牵引变电所供给电力机车的牵引负荷电流，I_H 是以列车走行轨为回流通路的回流电流，I_Z 为大地中的迷流即杂散电流。

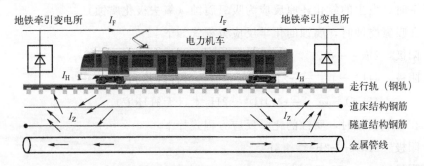

图 6-1　地铁杂散电流形成示意图

二、杂散电流的腐蚀原理

地铁杂散电流腐蚀原理图如图 6-2 所示。

1. 腐蚀过程

图 6-2 中的 I_F 为牵引电流，I_H、I_Z 分别为走行轨回流和泄漏的杂散电流。由图可知，地铁杂散电流（迷流）所经过的路径可概括为两个串联的腐蚀

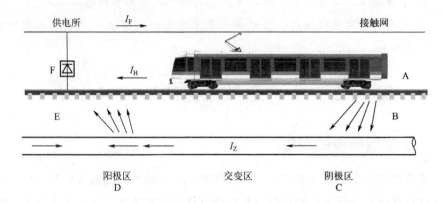

图 6-2 地铁杂散电流腐蚀原理图

电池：

电池Ⅰ：A 钢轨（阳极区）→B 道床、土壤→C 金属管线（阴极区）。

电池Ⅱ：D 金属管线（阳极区）→E 土壤、道床→F 钢轨（阴极区）。

当杂散电流由图 6-2 中两个阳极区 ［钢轨（A）和金属管线（D）］部位流出时，该部位的金属铁（Fe）便与其周围的电解质发生阳极电解作用，此处的金属随即遭到腐蚀。这种腐蚀的过程，实际可能发生两种氧化还原反应：当金属铁（Fe）周围的介质是酸性电解质，即 pH 值小于 7 时，发生的氧化还原反应是吸氢腐蚀；当金属铁（Fe）周围的介质是碱性电解质，即 pH 值大于或等于 7 时，发生的氧化还原反应为吸氧腐蚀（氧去极化腐蚀）。

在吸氢腐蚀时，腐蚀的化学反应方程式如下：

阳极：$2Fe \longrightarrow 2Fe^{2+} + 4e^-$。

阴极：$4H^+ + 4e^- \longrightarrow 2H_2 \uparrow$（无氧的酸性环境）；

$4H_2O + 4e^- \longrightarrow 4OH^- + 2H_2 \uparrow$（无氧环境）。

在吸氧腐蚀时，腐蚀的化学反应方程式如下：

阳极：$2Fe \longrightarrow 2Fe^{2+} + 4e^-$。

阴极：$O_2 + 2H_2O + 4e^- \longrightarrow 4OH^-$（有氧的碱性环境）。

上述两种腐蚀反应通常都会生成 $Fe(OH)_2$，而从钢筋表面或介质中析出，部分还可以进一步被氧化形成 $Fe(OH)_3$。生成的 $Fe(OH)_2$ 会继续被介质中的 O_2 氧化成棕色的 $Fe_2O_3 \cdot xH_2O$（红锈的主要成分），而 $Fe(OH)_3$ 可进一步生成 Fe_3O_4（黑锈的主要成分）。

2. 腐蚀特点

杂散电流腐蚀一般腐蚀激烈，集中于局部位置；当有防腐层时，又往往集中于防腐层的缺陷部位。杂散电流腐蚀和自然腐蚀有较大的差异，具体如

表 6-1 所示。

表 6-1 杂散电流腐蚀和自然腐蚀的差异

项目		自然腐蚀	杂散电流腐蚀
钢铁	外观	孔蚀倾向较小,有黄色或黑色的质地较疏松的锈层,创面边缘不整齐,清除腐蚀产物后创面较粗糙	孔蚀倾向大,创面光滑,有时是金属光泽,边缘较整齐,腐蚀产物也细粉状,有水分存在时,可明显观察到电解迹象
钢铁	环境	几乎在土壤中均可发生	一般在土壤电阻率大于 $10000\Omega\cdot cm$ 环境下,腐蚀较困难
铅	外观	腐蚀均匀,有空洞时亦表现浅皿状,腐蚀物为不透明的粉状物	空洞内面粗糙,创面呈壕状,长行分布不匀或沿电缆呈一直线分布,腐蚀物为透明的或白色的结晶物
铅	环境	地下水的 pH 值一般在 6.8~8.5,氯化物浓度大	地下水为中性,普遍会有氯化物、碳酸盐和硫酸盐

三、杂散电流的危害

结合目前国内地铁运营的现状分析,由地铁杂散电流造成的危害主要有以下四个方面。

1. 钢筋混凝土金属结构物、埋地金属管线的腐蚀

泄漏向大地的地铁杂散电流主要是对地表高层建筑深埋在地下的结构钢筋,地铁系统隧道和车站的主体金属结构钢筋,城市自来水、煤气及石油的输送金属管线造成很大程度的危害。这些管线中的铸铁管由于表面涂了油漆或者沥青等高强度绝缘防护层,抗腐蚀能力较强,但那些无法涂防护层的钢管和金属结构钢筋,腐蚀就十分严重。如上海地铁 2 号线沿世纪大道下的 DN300 钢管从 2000 年开通运营到 2010 年已经发生了十多次的腐蚀泄漏事故,而浦东这一地区有大量的天然气输气管道,地铁杂散电流对输气管道的腐蚀不仅对燃气公司的正常运营产生负面影响,还对周围的大气环境造成了严重的污染。

杂散电流不会腐蚀混凝土结构本身,但对其中的钢筋腐蚀作用很大,因为钢筋处于阳极。如果地下结构钢筋与走行轨相接触,则会加剧对结构钢筋和走行轨的腐蚀,而这些地下混凝土结构钢筋一旦遭受腐蚀,将使整个隧道混凝土结构及车站主体结构寿命下降,并且这些混凝土结构中的钢筋在地铁开通运营后几乎无法更换,结果会使得整条地铁线路无法正常运营。

2. 钢轨及其附件的腐蚀

地铁运营系统的钢轨及钢轨的一些附件存在很严重的腐蚀,特别是钉入道

床的道钉,一方面这些地方很难做到很好的绝缘,经常发生杂散电流腐蚀,另一方面由于钢钉钉入地下,腐蚀状态很难发现。

3. 框架泄漏保护的误动作

若钢轨局部或整体对地的绝缘变差,则此钢轨对大地的泄漏电流增大,地下杂散电流增大,这时有可能引起牵引变电所的框架保护动作。而框架保护动作时,整个牵引变电所的断路器会跳闸,导致全所失电,同时相邻牵引变电所对应的馈线断路器还会联跳,从而造成较大范围的停电事故,影响地铁的正常运营。

4. 钢轨电位限制装置的误动作

地铁运行时,当地铁车辆停靠在站台,乘客上下车辆的时候,乘客一脚在接地的站台,而另一脚在地铁车辆,地铁车辆通过车轮与钢轨相接触,若钢轨电位过高,则乘客两脚之间形成电位差,危及乘客的生命安全。因此,为了限制钢轨出现不明原因的电位升高,设置了钢轨电位限制装置。但杂散电流引起的钢轨电位升高将使钢轨电位限制装置经常性地出现误动作。根据2009年北京地铁公司对北京地铁5号线一个地下车站运行十个月的统计,这个变电所装设的钢轨电位限制装置总共误动作1700余次。钢轨电位限制装置误动作将使牵引变电所负极直接接地,这样一来,使原本设置在车站附近作为保护人身安全的钢轨电位限制装置经常被作为排流柜使用,降低了钢轨电位限制装置的使用寿命。

第二节 ●●● 杂散电流防护、监测与排流

一、地铁线路防止杂散电流腐蚀的措施

地铁线路杂散电流的防护是一项系统工程,杂散电流防护系统坚持"以堵为主,以排为辅;堵排结合,加强监测"的原则,采取系列防护措施,合理采用先进的技术手段,使综合防治效果达到国内现行和国际有关标准的要求。

① 堵。让回流轨中的电流全部流回牵引变电所的负极,而不能向地下泄漏,即在回流轨与地之间采取有效的绝缘。控制杂散电流产生的根源,隔离所有可能的杂散电流泄漏途径,俗称"堵"。

② 测。通过与排流网电气连接的测防端子和走行轨来监测杂散电流大小,以便超标时及时采取措施,俗称"测"。

③ 排。将回流轨中部分向外泄漏的电流,以某种渠道将其引回变电所的负极,即设置合理的排流网结构,为杂散电流提供一条畅通的低电阻通路,俗

称"排"。

在直流牵引供电系统中，对杂散电流的防护原则是：寓防于"测"，以"堵"为主，"堵""排"结合。若"堵"未处理好，那么"排"与"测"仅是无奈之举；而在前期的防护措施逐渐失效而产生大量杂散电流时，"测"和"排"又起着关键作用。

正因如此，首先应采取能从源头上根本控制和减小杂散电流的措施，即"堵"的方法。

1. "堵"——源控制法

根据实践经验和杂散电流的估算公式：杂散电流值与用电列车和牵引供电变电所的距离的平方成正比，与走行轨回流的纵向电阻成正比，与牵引电流成正比，与轨道对结构钢的过渡电阻成反比。杂散电流"堵"防护方法有：

（1）提高牵引网压

目前我国地铁牵引供电系统中，供电电压主要有750V和1500V，采用1500V电压牵引供电就比采用750V电压牵引供电产生的杂散电流小。

（2）合理设置变电所

杂散电流值和列车取流距离（列车和牵引供电变电所的距离）的平方成正比，因此牵引变电所设置距离不宜过长。美国波特兰轻轨系统变电所之间的平均距离减少到了1.8km，这是现代轻轨系统中最短的距离。

（3）走行轨回流降阻

走行轨电阻较大时，回流电流在其上流过时产生的电压降也大，使走行轨对地的电位差也增大，从而增加了泄漏的杂散电流，为此必须设法降低走行轨的电阻值。

降低走行轨电阻值的具体措施包括：在防护设计中选用电阻率低的材料，增大走行轨横截面积，将短走行轨焊接成长走行轨，其接头之间的电阻值应低于长为5m的回流轨的电阻值。美国波特兰轻轨系统采取的办法是使用规格为54kg的工字走行轨，从而增大了走行轨横截面积，而且使用了连续焊接的走行轨，从根本上消除了走行轨接头引起的纵向电阻。

现在一般利用长轨（$L>100m$）和加设电缆（一般使用铜芯绝缘线）的方法连接两段回流轨来减小轨道接缝电阻，焊接至走行轨的电缆或铜芯绝缘线的电阻应满足接头标准电阻的范围，满足牵引电流通过时温升的要求，焊至走行轨的铜芯绝缘线散热性好，可长时间通过大电流，其工作是稳定、可靠的；走行轨和道床之间应采用点支撑敷设，减少走行轨与道床的接触面；可在正线区间相隔400～500m处设铜芯绝缘均流线（必要时设置加强线）与牵引变电所负极相连来降低回流通路电阻，为杂散电流提供一条低电阻通路，以达到最大限度地减小杂散电流的目的。

(4) 走行轨回流采用绝缘安装

走行轨绝缘的性能的好坏，也就是轨地过渡电阻值的大小，是决定杂散电流大小的最主要原因。因此，走行轨与轨枕之间采用绝缘连接，对整体道床也要采取相应措施。

① 走行轨与轨枕之间的绝缘措施。《地铁杂散电流腐蚀防护技术标准》(CJJ/T 49—2020) 中规定：采用专用轨回流的地铁线路，回流轨应对地、对结构、对走行轨绝缘，专用轨回流网不应直接接地。采用走行轨回流的地铁线路，走行轨对地、对结构钢筋应绝缘。加强绝缘防护时，走行轨过渡电阻值不应小于 $150\Omega \cdot km$；绝缘防护时，走行轨过渡电阻值不应小于 $15\Omega \cdot km$。轨道绝缘件体积电阻率不应小于 $1\times 10^8 \Omega \cdot m$。单个轨枕的金属连接件与走行轨、地之间的绝缘电阻值不应小于 $1M\Omega/件$，湿电阻值不应小于 $100k\Omega/件$。

普通绝缘轨枕的走行轨和轨枕连接示意如图 6-3 所示，绝缘轨垫使走行轨

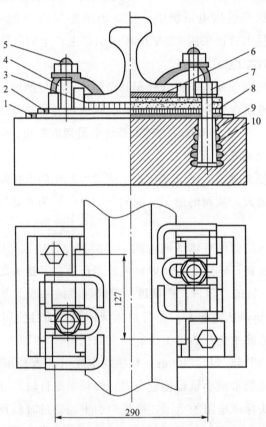

图 6-3 普通绝缘轨枕的走行轨与轨枕连接平剖面图

1—绝缘缓冲垫板；2—铁垫板；3—复合胶垫；4—带绝缘套的 V 形弹条；5—T 形螺栓；
6—轨下调高垫板；7—锚固螺栓；8—铁垫板下调高垫板；
9—螺旋钢箍；10—预埋绝缘套管

与带绝缘套管的 U 形弹条之间绝缘,橡胶垫板使走行轨与铁垫板之间绝缘,螺纹道钉玻璃管底部被一橡胶塞堵住,在新建线路中,这些措施能较好满足走行轨与轨枕绝缘连接的要求,因而得到广泛应用。

一条新建成的城市轨道交通线路,在运行一段时间之后,轨道绝缘会在不同程度上遭受潮湿、漏水、油污、导电粉尘和受力破坏等侵袭,使原来良好的轨道主体结构的绝缘程度降低、老化或失效。为此可采用带绝缘靴套的新型轨道绝缘方案,如图 6-4 所示。该方案用绝缘靴套将走行轨完全与轨枕隔离,可完全杜绝杂散电流的产生,弥补了图 6-3 所示方案的不足,从源头上对杂散电流进行了良好的控制。绝缘靴套若有损坏,更换起来亦比较方便。

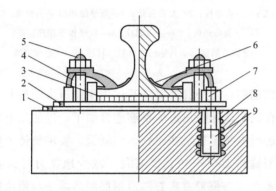

图 6-4 带绝缘靴套的绝缘轨枕

1—绝缘缓冲垫板;2—铁垫板;3—复合胶垫;4—带绝缘套的 V 形弹条;5—T 形螺栓;
6—新型绝缘护套;7—锚固螺栓;8—螺旋钢箍;9—预埋绝缘套管

另外,为防止因导电粉尘和潮湿混凝土轨枕形成的杂散电流通路对主体结构造成危害,亦可采用带整体玻璃钢(或其他绝缘材料)衬套的新一代绝缘轨枕,如图 6-5 所示。

② 道床杂散电流防护。关于道床杂散电流防护,《地铁杂散电流腐蚀防护技术标准》规定:道床混凝土厚度不应小于 400mm,同时钢轨下部与道床之间的间隙不应小于 30mm。

地铁道床形式有浮动道床、整体道床、道砟道床三种。在杂散电流防护中,道床内钢筋是杂散电流的第一道防线,也作为收集和排流的通道。

浮动道床用于减少环境噪声,由预制形成,内部钢筋已全部焊接,并在两侧引出端子(施工后用电缆将端子连接),浮动道床下有绝缘橡胶垫,对杂散电流有很好的防护作用,所以浮动道床不需特殊防护要求。

整体道床用于区间隧道内,整体道床的设计需考虑地震影响设沉降缝。明

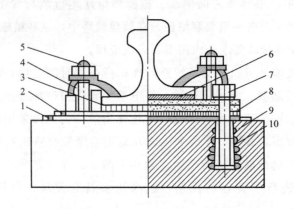

图 6-5 带整体玻璃钢（或其他绝缘材料）衬套的绝缘轨枕

1—绝缘缓冲垫板；2—铁垫板；3—复合胶垫；4—带绝缘套的 V 形弹条；5—T 形螺栓；

6—轨下调高垫板；7—锚固螺栓；8—铁垫板下调高垫板；

9—整体玻璃钢（或其他绝缘材料）衬套；10—螺旋钢箍

挖隧道的内部结构钢筋在沉降缝处需断开，为了使道床钢筋起到杂散电流收集网的作用，要求在沉降缝处引出道床钢筋连接端子，以便用电缆将沉降缝两侧道床结构段钢筋进行电气连接。在明挖区间隧道，要求整体道床的沉降缝与明挖区间隧道的伸缩缝在 1000m 内，既有利于减少地震力对钢筋的作用，又有利于测量。两种缝在同一位置意味着隧道钢筋测防端子与道床钢筋测防端子在一起，在这一地点隧道壁安装参考电极可方便地测量两种钢筋电位。矿山法隧道及盾构区间隧道的整体道床也需设沉降缝，但沉降缝两端钢筋不断开，为了测量方便，同样要求与矿山法的伸缩缝在 1000m 内，由于道床钢筋不断开，只要求取一侧测防端子即可。混凝土整体道床下应敷设绝缘膜或涂抹环氧树脂。

道砟道床位于隧道外，由于道砟有较好绝缘性，除加强清除垃圾杂物外，不做特殊要求。采用道砟道床时，应首选经过绝缘防腐剂处理的枕木。

2."排"——排流法

对于新建城市轨道直流牵引供电工程，可采用各种防护措施，使回流轨对地绝缘完好，不产生杂散电流或仅产生极小的杂散电流是容易做到的。随着运行时间的推移，回流轨与绝缘扣件之间、回流轨与道床之间的绝缘垫受空气和灰尘的污染，绝缘受到破坏，就会产生大量的泄漏电流。因此，工程建设前期在设计中应考虑设置合理有效的防排流网装置，将回流轨中向地下泄漏的电流引回牵引变电所的负极。

地铁排流网由混凝土整体道床内的杂散电流收集钢筋网和主体结构钢筋网

组成，如图 6-6 所示。

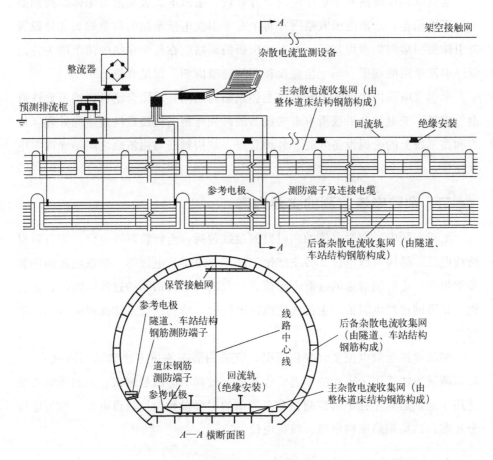

图 6-6 工程杂散电流防护示意图

(1) 道床内杂散电流收集网

除枕木穿孔固定用的钢筋外，在枕木以下的混凝土整体道床内，应设置杂散电流收集钢筋网，其目的在于收集由走行轨泄漏出的杂散电流，并由此将杂散电流排流回到牵引变电所的负极，防止杂散电流流向区间隧道混凝土结构中的钢筋和其他金属导体。

根据 VDE 0150 标准，受杂散电流影响的埋地金属结构可允许的电位偏移应在某一允许值范围内，VDE 0150 标准规定为 0.1V，而在实际使用时，一般认为，运行高峰期间的数值，平均每小时不应超过 0.1V。

(2) 主体结构排流网

区间隧道混凝土主体结构中应具有性能良好的防水层，衬砌混凝土应具有较高的电阻率和低透水性。结构钢筋应采用连续性焊接，区间隧道变形缝处应焊接引出主体结构钢筋，同时在此处设置杂散电流测防端子，并用钢筋将变形缝处两端的端子连接在一起，为采取排流措施做准备。

运营线路排流网和车场排流网分开敷设。杂散电流收集网与主体结构钢筋绝对不能相连，杂散电流收集网在每个有牵引变电所车站的两个端头井处设置外引排流引接线的预埋端子。没有变电所的车站应在每个车站的两个端头井内设外引测量用的端子，端子位置设在区间隧道内侧，即站台侧。

牵引变电所内接地装置与建筑主体钢结构之间必须完全绝缘，绝不允许有电气连接。变电站及沿线所有电气设备的外壳与钢结构及地应做绝缘处理。地表和高架桥上的金属设备外壳、各种管线、结构钢筋与回流轨之间不允许有电气连接，要完全绝缘。

二、杂散电流监测的主要内容

工程实际中，杂散电流的实时监测参数包括：走行轨对地电位、走行轨对结构电位、结构对地电位、各支路排流电流、总排流电流等。杂散电流的测算参数包括：走行轨对地的过渡电阻值、走行轨对结构钢筋的过渡电阻值、走行轨对排流网过渡电阻值、走行轨的纵向电阻值、结构钢筋或排流网的纵向电阻值等。

测试地铁杂散电流实时变化情况，宜采用静态测试方法和动态测试方法。静态测试方法适用于工程的检查验收和施工过程中的质量测试。动态测试方法适用于地铁运营过程中的监测。动态测试的主要参数包括轨道电位、轨道电位分布图、结构钢筋纵向电压、极化电位。

1. 轨道电位

采用走行轨回流时，必须对轨道电位进行持续监测，并应绘制走行轨对地、走行轨对结构、走行轨对排流网的轨道电位分布图。

轨道电位测试沿线路方向布设监测点，监测点位置宜布设在牵引变电所和车站附近，监测点之间的距离宜为 0.5～1km。测试持续时间应大于 0.5h。平均周期为 24h。

2. 轨道电位分布图

轨道电位分布图采用在不同监测点同时采集的数据进行绘制。轨道电位分布图的绘制应采用高峰小时平均值、含有 10% 峰值的平均值、日（夜）平均值；沿水平轴线标出地铁长度距离（百米、公里标），沿纵轴标出相应的电压值，正极性向上，负极性向下；在轨道电位分布图的下面，按线路相应区段的坐标位置，标出现场测得的走行轨结构的过渡电阻值。

3. 结构钢筋纵向电压

在运营过程中，测试和计算地铁主体建筑结构钢筋纵向电压。测算数据是对结构钢筋的防护状态及效果进行分析、判断和评估的依据。测算结构钢筋纵向电压需分析和计算的参数包括：计算区间的长度、相邻区间的长度、走行轨与结构间电导、结构与地间电导、走行轨纵向电阻、结构内部连通状况及纵向电阻、计算区间的牵引回流、相邻区间的牵引回流。测算结构钢筋纵向电压降可按回流区间分别进行。

4. 极化电位

杂散电流难以直接测量，通常利用结构钢极化电位的测量来判断结构钢筋是否受到杂散电流的腐蚀作用。通过计算获得正向极化电压曲线的平均值，极化电压的正向偏移平均值不应超过 0.5V。主体结构钢筋对地电位测试接线时，仪表正极应接主体结构钢筋，负极应接测量参比电极，如图 6-7 所示。

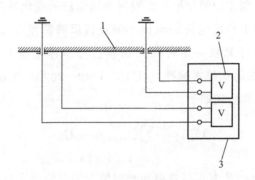

图 6-7　管地电位的标准测量方法
1—结构钢筋；2—记录式电压表；3—组装箱体

在没有杂散电流扰动的情况下，测量的电位分布呈现一稳定值，此稳定电位我们称之为自然本体电位 U_0。自然本体电位 U_0 使用高内阻双向指针式或双向自动记录式电压表进行测量。自然本体电位 U_0 应在地铁停运并停电 0.5h 以后进行。

在存在杂散电流扰动的情况下，测量电位出现偏离自然本体电位 U_0 的情况，所测电位为 U_1，其偏移值为 ΔU。一般情况下，我们将测量电压为正的称为正极性电压，测量电压为负的称为负极性电压。图 6-8 给出了埋地金属结构对地电位测量曲线的一个实例。

埋地金属结构受杂散电流干扰的影响，其对地电位，也就是相对于参比电极的电位会偏离自然本体电位。在杂散电流流入金属结构的部位，金属结构呈

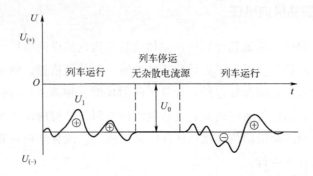

图 6-8 埋地金属结构对地电位的测量曲线

现阴极,此部位的电位会向负向偏离 U_0,如图 6-8 所示的 ⊖ 区域,该部位不受杂散电流腐蚀。在杂散电流流出金属结构的部位,金属结构呈现阳极,此部位的电位会向正向偏离 U_0,如图 6-8 所示的 ⊕ 区域,该部位受到杂散电流腐蚀影响。

腐蚀是一个长期作用的结果,而瞬间杂散电流的变化是杂乱无序的,测量瞬间金属结构相对于参比电极的电位不能直接反映测量点杂散电流的腐蚀情况,所以应该测量计算在一定时间内偏移自然本体电位 U_0 的正向平均值,《地铁杂散电流腐蚀防护技术标准》(CTT/T 49—2020)规定:测量时间不应少于 30min。其计算公式如下:

$$U_{a(+)} = \sum_{i=1}^{p} U_{i(+)}/n - U_0 \tag{6-1}$$

式中 $\sum_{i=1}^{p} U_{i(+)}$ ——所有正极性电压瞬时值和绝对值小于 U_0 值的负极性电压各瞬时值之和;

p——所有正极性电压瞬时值读取次数及绝对值小于 U_0 值的负极性电压各瞬时值读取次数之和;

n——总的测量次数;

U_0——自然本体电位;

$U_{a(+)}$——极化电压的正向偏移平均值。

三、地铁杂散电流防护监控系统

地铁杂散电流防护监控系统包括杂散电流防护监测系统和防护控制系统。采用走行轨回流不设置排流措施时,建立杂散电流防护监测系统;采用走行轨回流同时设置排流措施时,建立杂散电流防护监测系统和防护控制系统。

防护监测系统应由变电所监测装置、轨道电位监测点设备、道床和主体结构的测试与防护连接端子、连接线缆组成。防护控制系统由监测装置和排流控制装置组成。

1. 杂散电流防护监测系统结构

杂散电流防护监测系统采用集中式监测系统，由参考电极、测量端子、杂散电流测量电缆、传感器及变电所数据采集及统计处理装置、综合监测装置组成，具体构成方式如图6-9所示。

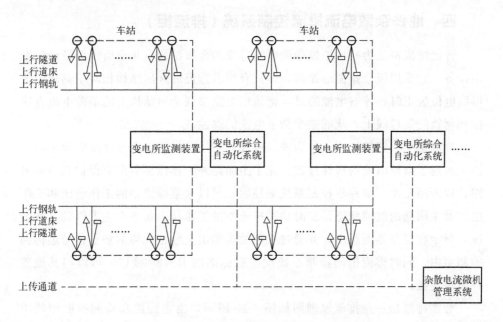

图6-9 地铁杂散电流防护监测系统构成原理图

车站区段及附近区间是杂散电流腐蚀严重区段，为监测杂散电流大小及腐蚀状况，在这些区段的整体道床及车站、隧道结构中引出测量端子，并在附近混凝土中埋置参考电极，通过参考电极，测量结构钢筋与混凝土介质间的电位差，此电位差可间接反映出结构钢筋腐蚀情况。

在变电所设置一套杂散电流监测装置，测试数据处理后经变电所综合自动化系统通过通信通道上传至设置于车辆段的杂散电流综合监测系统，同时也可在每个变电所内调出所需数据。

2. 参考电极选型及测量端子设置

参考电极选用适合混凝土结构、测量精度高、性能稳定、体积小、安装方便的钼-氧化钼参考电极。

测量端子设置原则如下：

① 地下车站：在车站站台两端进出站附近的隧道壁结构钢筋中每行对应位置分别引出一个测量端子。

② 明挖、矿山法区间隧道：靠近车站有效站台端部 250m 的隧道壁结构钢筋中每行对应位置分别引出一个测量端子。

③ 盾构区间：盾构区间结构不设测量端子。

④ 地下段整体道床：在车站站台的两端进出站附近、距车站有效站台端部 250m 位置及区间变电所的中心线每行对应位置分别设置一个测量端子。

四、地铁杂散电流排流控制系统（排流柜）

智能排流柜是为减少地铁杂散电流造成的金属结构电化学腐蚀而设计的专用设备。它采用极性排流的原理，即只有当需排流的金属结构相对于钢轨的负母线电位为正时，才有电流通过，把轨道上泄漏到金属结构上的杂散电流直接排到钢轨的负母线上，从而减少杂散电流的腐蚀。

排流柜主回路的核心元件为硅二极管，利用二极管正向导通反向截止的特性，实现了杂散电流的极性排流。除了主回路外，排流柜另配有保护和检测电路，检测回路由一单片机控制系统来控制，可以采集排流柜的工作电压和工作电流及主回路的故障状态，实时检测排流柜的工作状态及各个主器件的工作情况，显示在控制器面板上，并通过远程故障输出系统把故障的触点信号远传到控制室内，同时排流柜的控制系统配备有标准的 RS485 接口，可以与其他监控系统连接。

智能排流柜一路排流原理图如图 6-10 所示，由主回路和检测控制用的单片机控制系统两部分组成。主回路的核心由硅二极管 D 组成，一路排流采用两个特性相同的二极管并联而成，保证排流柜工作的可靠性。主回路中串有一个电阻 R，用于调节排流电流大小。开关 K 可以通过人工或通过单片机自动控制实现排流。排流回路的保护系统分别为短路保护、断路保护、阻容及压敏电阻过电压保护。短路保护采用两种方式：熔断器保护和反向电压保护。当出现短路时，快速熔断器 FU 首先熔断，保护二极管使其不受损坏，同时通过熔断器本身所带的接点发出信号；另外，在每个二极管另一端设有分流器 FL，当二极管击穿而快速熔断器未熔断时，依靠逆向电流通过分流器测得的数据可知二极管的故障，此保护与熔断器保护形成了可靠的保护系统，以确保在二极管发生故障时能可靠地发出信号。断路保护的原理是：在每个排流回路中都选用特性相同的两个二极管，即在正常情况下，每个二极管都有电流流过。如果某个二极管支路损坏造成断路，支路中无电流流过，可通过分流器来找出故障。另外每个排流回路具有过电压保护电路，在每个二极管支路并联一个 RC

回路，以抑制过电压；在 RC 支路上并联一压敏电阻，当二极管两端电压超过其阈值时，压敏电阻将二极管自动旁路，以防止二极管损坏，当电压恢复时，压敏电阻恢复正常。

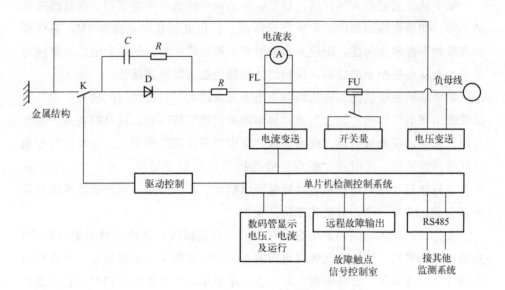

图 6-10 智能排流柜的一路排流工作原理图

排流柜主回路的工作状态以及短路和断路的故障检测由单片机检测控制系统来完成。由电流变送电路、电压变送电路和开关量变送电路构成输入检测电路，把排流电流及电压转换为数字量送入存储器存储，并实时检测快速熔断器的开关状态，单片机控制系统自身带有数码管和发光二极管来显示被测电流、电压及工作状态。同时，单片机控制系统可以测量每路杂散电流排流量的大小，可以通过键盘设置每路排流的极限值并设置极限的排流时间，当某一路排流回路的排流电流或排流时间大于设置极限值时，可以发出报警信号，表示此排流回路的金属结构杂散电流的泄漏已严重超标，应仔细检查原因。单片机检测控制系统带有远程故障输出电路和标准 RS485 接口电路，可以把排流柜的短路故障、断路故障及排流杂散电流过限故障信号远传到控制室内，也可以与其他的监测系统连接。

第三节 ●●● 杂散电流防护监测系统维护

一、杂散电流日常监测及维护

新建城市轨道交通工程正式开通运营后，利用杂散电流监测系统记录高峰小时整体道床结构钢筋、车站隧道结构钢筋极化电位，监测杂散电流对结构钢筋腐蚀情况，如测试到某段结构钢筋电位超过极化电位限制值，则该区段杂散电流超标，应对钢轨回路及钢轨泄漏阻抗进行测试检查，结合测试结果进行维护。

城市轨道交通投入运营后，每月应定期对全线轨道线路清扫，保持线路清洁干燥。如果全线钢轨泄漏阻抗普遍降低，极化电位长期超过 0.5V，简单清扫或维护不能解决问题，则应开启牵引变电所的排流柜，使杂散电流收集网与牵引变电所负极柜单向连通，保护结构钢筋免受杂散电流腐蚀。

如果监测系统监测到排流柜电流出现异常增大，且持续时间较长，则是回流系统出现电气导通"断点"或"集中泄漏区段"所引起，应及时处理。如果是回流系统出现电气导通"断点"或"集中泄漏区段"所引起，应及时检查相应区段回流系统，及时将"断点"处连接至设计要求标准，或对"集中泄漏点"进行恢复处理，检查钢轨故障是否因积水、灰尘污染或钢轨安装绝缘设备损坏引起，并及时清扫或对绝缘设备维护。

在排流柜投入期间内，应组织对杂散电流超标区段回流钢轨对地（结构）过渡电阻的测量、回流系统纵向电阻测量，并视情况采取必要措施，如更换钢轨扣件、绝缘垫等。排流柜投入后，在将杂散电流导入负极的同时，会造成杂散电流总泄漏量增加，所以在杂散电流泄漏水平恢复正常时，应将排流柜切除。

问题排除后，须尽快将排流柜撤出运行。因为排流柜的投入会抬高相应区间的钢轨电位，同时增大杂散电流泄漏水平，将导致钢轨、隧道及车站结构钢筋的进一步腐蚀，影响土建结构安全；还可能烧损排流直路，引起火灾。

二、杂散电流防护设备的巡视与检修（表 6-2）

表 6-2 杂散电流防护设备的巡视与检修

项目	内容	周期
日常巡视	测试端子无外力损坏、断裂、松脱、锈蚀、水浸现象	3个月
日常巡视	电缆护套完好无外力损坏，无发热变色现象，电缆绑扎牢固，电缆支架无松脱、损坏、锈蚀现象	3个月
日常巡视	柜内电缆接线正确，接触良好，连接可靠，电缆接线端子要压接良好，压接后载流量与本线应相同，连接螺栓按规定力矩紧固，焊接牢固可靠，焊接饱满，不应有裂缝、气孔及脱焊，更不得有假焊或漏焊现象	3个月
日常巡视	电缆敷设部位应无积水、杂物等异物	3个月
日常巡视	单向导通装置连接电缆应无损伤、松脱	3个月
日常巡视	各部件应工作正常，指示信号正确，无异常发热、短路、开路现象	3个月

续表

项目	内容	周期
日常巡视	柜内部件应状态良好,信号指示正确,无断线、松脱、漏水、腐蚀、发热变色现象	3个月
日常巡视	单向导通装置柜门应锁好,牢固,门前应无障碍物或管线缠绕	3个月
日常巡视	钢轨绝缘节处应无烧伤痕迹	3个月
日常巡视	柜体应无掉漆、锈蚀,柜体应安装牢固无变形、倾斜,柜体基础牢固,无裂缝、塌陷、水害、鼠虫害、杂物、杂草等不良现象	3个月
日常巡视	标识正确清楚	3个月
小修	单项导通装置设备安装牢固,无严重掉漆、锈蚀,无变形、倾斜,基础牢固,无裂缝、塌陷、水害、鼠虫害、杂物、杂草等不良现象	3年
小修	主回路接线良好,电缆标志编号清楚,连接螺栓紧固良好、无松动,符合力矩要求	3年
小修	二极管的保险无熔断,散热器散热正常,RC回路工作正常	3年
小修	各部件无积尘、无污垢、无锈蚀、无放电痕迹,母排表面无氧化,必要时连接处涂导电膏	3年
小修	二次线接线正确,无松动,标志清楚,监测模块信号指示、反应正常	3年
小修	柜内隔离开关支持绝缘子无裂纹、破损及爬电痕迹,触头接触面应光洁无损伤、烧损和锈蚀,合闸时触头接触紧密良好、接触压力均匀;分闸时分闸角度与带电部分的距离符合规定;操作时平稳正确,无卡阻和冲击,机构润滑良好	3年
小修	根据监测情况对轨道绝缘情况进行检查。检查项目和标准如下:钢轨没有非期望接地点;钢轨和下面穿越的管线之间绝缘良好,间隙够(钢轨承受车体重量变形时不能触碰到下面的管线);跟钢轨连接的设备无非预期接地点;钢轨绝缘节状态良好,无放电痕迹	3年
小修	单向导通装置辅助装置检验:可靠检测并显示快速熔断器的通断、二极管故障情况,故障输出信号正确、可靠	3年
小修	单向导通装置一般性检验:元器件型号、规格符合图纸规定,接线正确,安装可靠;柜体尺寸符合图纸规定,外观无裂痕、划伤、变形,防腐防锈措施良好	3年
大修	完成小修项目	必要时
大修	单向导通装置绝缘试验:选用1000V的兆欧表进行绝缘电阻测试	必要时
大修	抗电强度测试:按要求施加电压,观察现象	必要时
大修	单向导通装置均流试验:用直流大电流发生器施加大电流到单向导通装置主回路,用同一个毫伏表直接测量每个支路分流器上的电压降然后换算成电流。电流均衡度≥70%	必要时
大修	单向导通装置过电压保护的检验:在单向导通装置加直流电源,并加感性负载,开关直流电源,用示波器读取单向导通装置两端的过电压峰值,如此至少重复5次。瞬间过电压的峰值应小于2500V	必要时
大修	根据需要由厂家更换元件	必要时

155

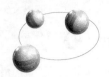

第四节 城市轨道交通供电系统的接地装置

一、城轨交通综合接地体及接地原则

1. 综合接地体概述

在城市轨道交通供电系统中，同时存在多个用于不同目的的接地系统。例如，在交流系统中，任一电压等级都同时存在工作接地和保护接地，110/35kV 主变电所中存在 110kV 设备的保护接地、35kV 系统的工作接地和 35kV 设备的保护接地；车站 35/0.4kV 降压变电所中存在 35kV 设备的保护接地、0.4kV 系统的工作接地和 0.4kV 设备的保护接地。

城轨供电系统中的通信等其他设备系统也需要设置用于设备正常工作，以及设备和人身安全的工作接地、防雷接地和保护接地，因此，一个车站内要求接地的系统和设备有很多。在对接地装置的要求上，可以共用接地装置，也可以分设接地装置，但分设接地装置时强电和弱电接地装置需要相距 20m 以上。在分开设置不同的接地装置时，若距离不能满足要求，将导致由于接地装置电位不同所带来的不安全问题，而且不同接地导体之间的耦合影响也难以避免，会引起相互干扰。因此，目前城轨交通供电系统中多采用综合接地系统。

综合接地系统是指供电系统和需要接地的其他设备系统的工作接地、保护接地和防雷接地等采用共同的接地装置，并实施等电位联结措施。各类接地可以采用单独的接地线，但接地极和"等电位面"是共用的，不存在不同接地系统接地导体之间的耦合问题，也避免了采用不同接地导体时产生的电位不同的问题。综合接地装置的接地电阻值按照接入设备的要求和人身安全防护的要求等几方面综合确定，不能大于接入设备所要求的最小接地电阻值。

综合接地系统一般由共用接地极引出两个接地母排：其一是强电接地母排，其二是弱电接地母排，分别用于供电系统和通信信号等弱电系统的各类接地，如图 6-11 所示。

2. 城轨交通接地系统的接地原则

城轨交通接地系统的接地原则有以下几点：

① 全线接地按综合接地系统的概念进行设计，使全线形成统一的高低压兼容、强弱电统一的接地系统。

② 满足沿线接触导线和馈线断线可能搭触到设备的安全接地要求。

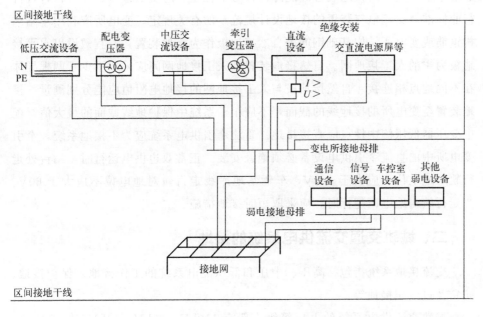

图 6-11 城轨交通供电系统的综合接地系统

③ 满足各类通信、信号、计算机等弱电设备的工作接地与安全接地要求。
④ 满足其他车站设备工作接地与安全接地要求。
⑤ 满足接触网系统工作接地与防雷接地要求。
⑥ 当杂散电流防护设计与安全接地发生矛盾时，优先考虑安全接地。

3. 城轨交通接地系统的构成

城轨交通接地系统的构成：

① 每个车站单独设置一个接地网，供车站各种设备的工作接地和安全接地用。
② 沿线电缆支架上敷设一贯通的接地金属体，供沿线区间电气、通信、信号等机电设备安全接地用。
③ 架设架空地线，供接触网系统设备工作接地、安全接地和防雷接地用。
④ 牵引回流系统采用浮空不接地方式，钢轨、负回流线、直流开关柜、整流器及负极柜采用绝缘法安装。
⑤ 全线各车站、车辆段和停车场设钢轨电位限制装置。

4.《地铁设计规范》（GB 50157—2013）的相关要求

供电系统中电气装置与设施的外露可导电部分除有特殊规定外均应接地。当供电系统与其他系统共用接地装置时，其接地电阻不应大于接入设备中要求

的最小值。变电所接地装置应能降低接触电位差和跨步电位差,并应符合现行行业标准《交流电气装置的接地设计规范》的有关规定。变电所应利用车站结构钢筋或变电所结构基础钢筋等自然接地极作为接地装置,并宜敷设以水平接地极为主的人工接地网。自然接地装置和人工接地网间应采用不少于两根导体在不同地点相连接。自然接地极与人工接地网的接地电阻值应能分别测量。接地装置至变电所的接地线的截面,不应小于系统中保护地线截面的最大值。配电变压器低压侧中性点应直接接地。直流牵引供电系统应为不接地系统,牵引变电所中的直流牵引供电设备必须绝缘安装。正常双边供电运行时,站台处走行轨对地电位不应大于120V,车辆基地库线走行轨对地电位不应大于60V。当走行轨对地电压超标时,应采取短时接地措施。

二、城轨交通交流供电系统的接地

交流接地系统指包括高压、中压和低压配电系统的工作接地、保护接地、防雷及过电压接地等。

城轨交流供电系统的电压等级一般有110kV、35kV、10kV、0.4kV等,其接地内容包括工作接地、电磁兼容接地等功能性接地和电气装置的接地、防雷接地、过电压设备接地等保护性接地。

系统的工作接地包括电源中性点、中性线、保护中性线、电流互感器、电压互感器、三工位开关、接地开关等接地。电源中性点、中性线、保护中性线的接地是指主变压器、配电变压器中性点的接地,接地方式是与变电所接地母排直接连接。电流互感器、电压互感器、三工位开关、接地开关等设备或电气元件均设在成套开关设备中,这些接地不直接与变电所接地母排单独连接,而是先与开关设备(开关柜)中的接地排相连,然后通过设备(开关柜)的保护接地线与变电所接地母排相连。

电气装置的保护接地为各种电气装置外露可导电部分与变电所接地母排的电气连接;防雷接地指避雷器等接闪器通过防雷引下线与大地的连接;过电压设备的接地就是为防止过电压击穿设备绝缘而设置的避雷器的接地,避雷器也设在开关设备内,因此避雷器的接地端与开关设备(开关柜)接地排相连接,通过开关设备(开关柜)的保护接地线与变电所接地母排连接,实现接地。

1. 工作接地

对于不同电压等级的交流供电系统,其工作接地具有一定的特殊性,而保护接地的要求和做法是基本相同的。

交流高压供电系统的接地方式是由当地城市电力部门确定的。城轨交通供电系统中交流中压系统均采用电缆,其接地方式既有消弧线圈接地,也有小电阻接地方式。

低压系统的工作接地,分为中性点直接接地和不接地两种方式。在具体形式上,我国等效采用国际电工委员会(IEC)标准,将工作接地和低压电气设备接地进行组合,形成了 TN、TT、IT 三种接地形式。《系统接地的型式及安全技术要求》(GB 14050—2008)中做了明确描述,系统接地型式以拉丁字母作代号,其意义为

第一个字母表示电源端与地的关系:

T——电源端有一点直接接地,即中性点直接接地;

I——电源端所有带电部分不接地或有一点通过阻抗接地,即中性点不接地。

第二个字母表示电气装置外露可导电部分与地的关系:

T——电气装置的外露可导电部分直接接地,此接地点在电气上独立于电源端的接地点;

N——电气装置的外露可导电部分与电源端接地点有直接电气连接。

短横线(—)后的字母用来表示中性导体与保护导体的组合情况:

S——中性导体和保护导体是分开的;

C——中性导体和保护导体是合一的。

系统接地有下述几种型式。

配电系统导线代号:

电源的中性线:代号(N),它的功能一是用来接额定电压为相电压的单相用电设备,二是用来传导三相系统中的不平衡电流和单相电流,三是用来减小负荷中性点的电位偏移。

保护线:代号(PE),它的功能是保障人身安全,防止触电事故发生。

保护中性线:代号(PEN),它兼有中性线(N 线)和保护线(PE 线)的功能。这种保护中性线在我国通称为"零线",俗称"地线"。

(1)TN 系统

TN 系统是电源端有一点直接接地,电气装置的外露可导电部分通过中性导体或保护导体连接到此接地点的接地形式。

根据中性导体和保护导体的组合情况,TN 系统有三种形式:TN-S 系统、TN-C 系统和 TN-C-S 系统。

TN-S 系统:整个系统的中性导体和保护导体是分开的,如图 6-12 所示。

TN-C 系统:整个系统的中性导体和保护导体是合一的,如图 6-13 所示。

TN-C-S 系统:系统中一部分线路的中性导体和保护导体是合一的,如图 6-14所示。

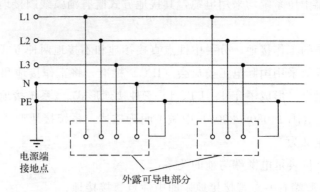

图 6-12 TN-S 系统

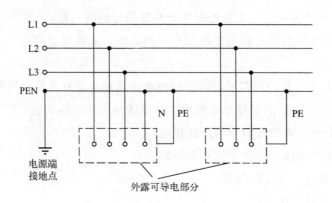

图 6-13 TN-C 系统

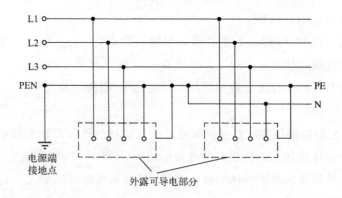

图 6-14 TN-C-S 系统

(2) TT 系统

TT 系统是电源端有一点直接接地，电气装置的外露可导电部分直接接地，此接地点在电气上独立于电源端的接地点，如图 6-15 所示。

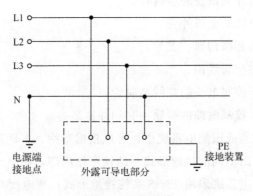

图 6-15 TT 系统

（3）IT 系统

IT 系统是电源端的带电部分不接地或有一点通过高阻抗接地，电气装置的外露可导电部分直接接地，如图 6-16 所示。

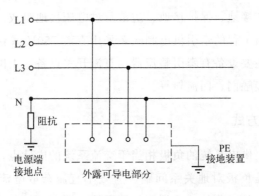

图 6-16 IT 系统

2. 保护接地

交流设备的保护接地就是处理电气装置或电气设备的外露可导电部分，即金属外壳与地的关系。无论系统接地采用什么形式，交流系统电气装置的外露可导电部分均要接地。实施保护接地可以降低预期接触电压，提供接地故障电流回路，为过电压保护装置接地提供条件，实施等电位联结。

对于变电所内的电气设备，接地做法为外露可导电部分直接通过接地线与接地母排进行电气连接。

交流电气设备的接地范围：

① 主变压器、牵引变压器、配电变压器的底座和外壳。

② 交流高压封闭式组合电器（GIS）和箱式变电所的金属箱体。

③ 中压、低压开关设备的金属外壳。

④ 交直流电源屏的金属外壳。

⑤ 电气用各类金属构架、支架。

⑥ 电缆桥架和金属线槽。

⑦ 电力电缆、控制电缆的穿线金属管。

⑧ 电力电缆、控制电缆的金属护套和外铠装等。

在城市轨道交通低压配电系统中，可以根据车站、车辆基地内建筑分布和用电设备的位置选用不同的接地形式。地铁车站内部，用电设备位于同一个总等电位范围内，配电系统采用 TN-S 系统接地形式；变电所对车辆基地内各单体建筑的配电则采用 TN-C-S 系统；对于车站外广场、车辆基地厂区用电设备例如路灯配电等宜采用局部 TT 系统。

三、城轨交通直流供电系统的接地

直流接地系统是城市轨道交通工程有别于其他工程的接地系统，由直流牵引供电系统的工作接地、保护接地、防雷及过电压接地组成。

城市轨道交通工程的牵引供电制式多采用直流 750V 或直流 1500V，直流牵引供电系统的主要设备有牵引整流器、直流开关设备、上网开关设备、钢轨电位限制装置、接触网、回流轨等。

1. 系统接地方式

城轨直流牵引供电系统的负极相当于交流系统的中性点，直流牵引供电的工作接地问题就是负极对地关系问题。为减小直流杂散电流对金属结构的腐蚀，直流牵引供电的工作接地采用不接地系统，即正常情况下系统设备的所有正极和负极均与地绝缘。这里的"地"包括大地也包括结构地。

采用走行轨回流，在直流大双边越区供电情况下，走行轨对地电位将高于正常双边供电电位，有时会超过允许值。另外在运行过程中，走行轨也可能出现不明原因的电位升高，此时为保护乘客及运行人员的安全，可通过钢轨电位限制装置将走行轨与地进行短时电气连接，以钳制走行轨对地电位。

走行轨对地电位超过允许限值时，为避免乘客上下车受到跨步电压的影响，钢轨电位限制装置本应将走行轨与结构地短时连接，但考虑到杂散电流问题，目前做法是将走行轨与外引接地装置短时连接，这个外引接地装置的电位要与结构地的电位基本相当。

2. 牵引变电所内直流牵引供电设备的接地

牵引整流器和直流开关设备，包括直流进线柜、直流馈线柜、负母线柜、钢轨电位限制装置，都安装于牵引变电所内，其外露可导电部分即金属外壳不与地直接进行电气连接，而是通过直流框架泄漏保护装置与地形成单点电气连接。

金属外壳与基础槽钢之间设有硬质绝缘板，设备固定采用绝缘安装方法。当系统标称电压为750V时，绝缘电阻一般不小于50kΩ；当标称电压为1500V时，绝缘电阻一般不小于100kΩ。各设备金属外壳之间采用电缆实现电气连接，一般在负母线柜接地端子单点通过电缆与直流框架泄漏保护装置连接后，接至变电所接地母排，实现变电所内直流牵引供电设备单点接地。

3. 区间直流上网开关设备的接地

区间直流上网开关包括区间检修线隔离开关，设备的接地可以有以下四种方式。

① 当上网开关设备设在站台的独立设备房间或牵引变电所内时，纳入直流开关柜的框架泄漏保护中，在发生设备外壳漏电时框架保护联跳直流馈线断路器。上网开关设备安装要求与牵引变电所内直流牵引供电设备相同，金属外壳与基础槽钢之间设置硬质绝缘板。这种方式需增加接地电缆。

② 采用非金属绝缘外壳，当柜内发生直流漏电时，设备外壳不会带直流异常电位，也没有杂散电流泄漏问题。这种方式设备投资较高。

③ 设备外壳与基础槽钢之间设置硬质绝缘板，设备外壳与附近走行轨进行电气连接，发生直流漏电时会产生系统正负极短路，直流馈线保护动作并切除故障。这种方式要求设备操作维护只能在直流停电后进行，应用受限。

④ 设备金属外壳直接与附近结构钢筋进行电气连接，相当于交流低压IT系统的接地方式。这种方式需要保证并保持正极对外壳的绝缘，使正常泄漏的直流电流不能对结构钢筋产生腐蚀，并需要在正极碰壳发生时能迅速切除故障或进行报警。

4. 车辆段、停车场直流上网开关等设备的接地

车辆段、停车场范围大，直流上网开关设备与检修设备的数量多、分布广，内部金属管线较多。因此直流上网开关等设备的接地问题可通过柜内设置绝缘护板、绝缘电缆支架或采用非金属绝缘外壳等措施解决。

四、城轨交通其他系统的接地

《地铁设计规范》（GB 50157—2013）对城轨交通其他系统的接地有相关要求。

自动售检票系统采用综合接地，接地电阻不大于1Ω。车站终端设备、金属管、槽、接线盒、分线盒等应进行电气连接，并应可靠接地。通信电缆与电源电缆分管或者分槽敷设，预埋管、槽、盒应防水防尘，并应避开围栏立柱设置的位置。

火灾自动报警系统采用综合接地时，接地电阻不大于1Ω；采用集中接地时，接地电阻不大于4Ω。火灾自动报警系统设置等电位连接网络，电气和电子设备的金属外壳、机柜、机架、金属管、槽、浪涌保护器接地端等，以最短距离与等电位连接网络的接地端子连接。

环境与设备监控系统的电缆屏蔽层采用一点接地；现场机柜可靠接地；控制器与计算机设备根据相关产品要求设置功能性接地和保护性接地；接地电阻不大于1Ω。

乘客信息系统采用综合接地，接地电阻不大于1Ω。

门禁系统和设备按照一级负荷供电，系统接地接入综合地网，接地电阻不大于1Ω。

运营控制中心设置统一的强、弱电系统综合接地极，总的接地电阻不大于1Ω。

站台门采用综合接地，接地电阻不大于1Ω。站台门与列车车厢保持等电位，当与钢轨有连接需求时，等电位应符合下列要求：站台门与钢轨应采用单点等电位连接，门体与钢轨连接等电位电阻不大于0.4Ω。正常情况下人体可触及的站台门金属构件应与车站结构绝缘，门体与车站结构之间的绝缘电阻不小于0.5MΩ。每侧站台门应保持整体等电位。如果站台门与车厢没有等电位的要求，站台门应该通过接地端子接地，接地电阻不大于1Ω。

复习思考

6-1. 城市轨道交通供电系统杂散电流形成的原因是什么，有何危害？

6-2. 简述杂散电流监测的内容和措施。

6-3. 根据给出的杂散电流监测系统原理框图分析其工作原理。

6-4. 根据给出的排流柜一路排流原理图分析其工作原理。

6-5. 简述城市轨道交通供电系统杂散电流防护的原则与措施。

6-6. 名词解释：接地、接地装置、人工接地体、自然接地体、工作接地、保护接地、对地电压、接触电压、跨步电压、接地电阻、电磁兼容接地、综合接地、等电位联结。

6-7. 电气装置中哪些部分必须接地，哪些部分不必接地？

6-8. 简述城轨交通供电系统中交流系统接地的主要内容。

6-9. 简述城轨交通供电系统中直流系统接地的主要内容。

6-10. 简述城轨交通供电系统综合接地系统的构成原则。

6-11. 《系统接地的型式及安全技术要求》(GB 14050—2008)中，系统接地形式有哪些？以拉丁字母作代号，其意义分别是什么？

 阅读材料

一、什么是接地？相关的基本概念有哪些？接地主要有哪些类型？

1. 接地

接地是指供电系统中将电气设备或电气装置的某些金属部分用导体（接地线）与埋设在土壤中的金属导体（接地体）相连，并与大地做可靠的电气连接。它的主要作用是防止人身受到电击，保证电力系统的正常运行，保护线路和设备免遭损坏，预防电气火灾，防止雷击和防止静电损害等。接地处理的正确与否，对供电系统安全运行、保护设备绝缘免受异常过电压破坏、防止人身遭受电击具有极其重要的作用。

在供电系统中，接地的范围非常广，凡是电气系统和设备都涉及接地的问题。这里"地"的概念包括大地或指范围更加广泛、能用来代替大地的等效导体，如飞机、轮船的金属外壳等。

在城轨交通供电系统中，"地"的种类也很多，如大地、结构地、牵引系统地等，其中牵引系统地即为直流牵引供电系统回流用的走行轨。

在供电系统接地中，接地一般指与变电所接地母排直接连接，或通过设备中的接地排与变电所接地母排连接，而不是指与埋在大地内的接地极直接相连接。

2. 接地装置

接地体是指埋入土壤内并与大地直接接触的金属导体或导体组，也叫接地极；接地线是连接于接地体与电气设备接地部分之间的金属导线；接地线与接地体合称接地装置。

接地装置是完成系统、设备接地功能的材料和设备的总称，包括接地母排、接地线和接地极等，其材料一般多选用扁钢或圆钢。表征接地装置的重要参数之一是接地电阻，接地装置的接地电阻值应始终满足各接地系统接地电阻最小值的要求，接地装置的各个组成部分应有足够的截面，满足在接地故障的条件下的动热稳定，接地装置的材质和规格在其所处环境内应具备抗机械损伤、腐蚀和其他有害影响的能力。装置本身就是安全装置，对于防止触电事故的发生有十分重要的意义。

凡从带电体流入地下的电流即属于接地电流。接地电流有正常接地电流和故障接地电流。正常接地电流指正常工作时通过接地装置流入地下，借大地形成工作回路的电流；故障接地电流指系统发生故障时出现的接地电流。

系统一相接地可能导致系统发生短路，这时的接地电流叫作接地短路电流，如接地的 380/220V 系统的单相接地短路电流。在高压系统中，接地短路电流可能很大，接地短路电流在 200A 及以下的，称小接地短路电流系统；接地短路电流大于 500A 的，称大接地短路电流系统。

如图 6-17 所示，接地电流流入地下以后，就通过接地体向大地半球形散开，这一接地电流就叫作流散电流。流散电流在土壤中遇到的全部电阻叫作流散电阻。

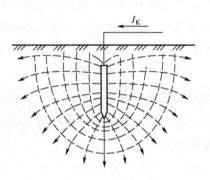

图 6-17 流散电阻

接地电阻是接地体的流散电阻与接地线的电阻之和。接地线电阻一般很小，可以忽略不计。因此，可以认为流散电阻就是接地电阻。

电流通过接地体向大地做半球形流散。在距接地体越远的地方球面越大，所以流散电阻越小。一般认为在距离接地体 20m 以上，电流就不再产生电压降了。或者说，至距离接地体 20m 处，电压已降为零。

电工上通常所说的"地"就是这里的地。通常所说的对地电压，即带电体同大地之间的电位差，也是对离接地体 20m 以外的大地而言的。简单说，对地电压就是带电体与电位为零的大地之间的电位差。显然对地电压等于接地电流与接地电阻的乘积。如果接地体由多根钢管组成，则当电流自接地体流散时，至电位为零处的距离可能超过 20m。

从以上的讨论可以知道，当电流通过接地体流入大地时，接地体具有最高的电压。离开接地体，电压逐渐下降，并且电压压降的速度逐渐降低。对于简单接地体，至离开接地体 20m 处，电压降为零。

接触电势是指接地电流自接地体流散，在大地表面形成不同电位时，设备外壳、构架或墙壁与水平距离0.8m处之间的电位差。

接触电压是指设备绝缘损坏时，在身体可同时触及的两部分之间出现的电位差。如人在发生接地故障的设备旁边，手触及设备的金属外壳，则人手与脚之间所呈现的电位差，即为接触电压，接触电压通常按人体离开设备0.8m考虑。如图6-18所示，a的接触电压为U_c，故障设备对地电压为U_a。

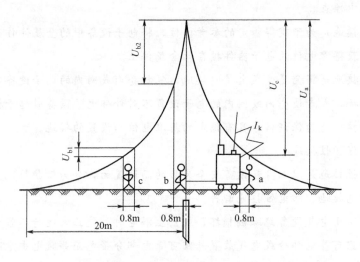

图6-18 接触电压和跨步电压

跨步电势是指地面上水平距离为0.8m（人两脚跨开的距离）的两点之间的电位差。跨步电压是指人站立在流过电流的大地上，加于人的两脚之间的电压，如图6-18中的U_{b1}、U_{b2}。图6-18中，紧靠接地体位置，承受的跨步电压最大；离开了接地体，承受的跨步电压小一些，对于垂直埋设的单一接地体，离开接地体20m以外，跨步电压接近于零。考虑人脚底下的流散电阻，实际跨步电压应降低一些。

3. 接地的分类

按照供电系统电流制式和频率可分为交流供电系统的工频接地、直流牵引供电系统的接地和雷电及过电压的冲击接地。

按照供电系统电压等级可划分为高压系统的接地、中压系统的接地和低压系统的接地。

按照接地的作用可分为功能性接地和保护性接地。

(1) 功能性接地

功能性接地是为了系统正常运行的可靠性及异常情况下保障系统的稳定

性而设置的，分为工作接地、逻辑接地、屏蔽接地、信号接地四种。如电力系统（发电机或变压器）的中性点直接（或经消弧线圈）接地、电压互感器一次侧中性点的接地、两线一地制供电方式中接地相的接地等，都属于工作接地。

工作接地是为了保证供电系统的正常运行，防止系统振荡，保证继电保护的可靠性。如工作接地采用直接接地方式，可在系统发生接地故障时，产生较大的接地故障电流，使继电保护迅速动作，切除故障回路。在交流系统中，此点一般为中性点。

逻辑接地是为了获得稳定的参考电位，将电子设备中的金属件作为参考零电位，需获得零电位的电子器件接在此金属件上。

屏蔽接地是将金属壳或金属网接地，保护壳内或网内的电子设备不受外界的电气干扰，或者使壳内或网内的电子设备不对外部电子设备引起干扰。

信号接地是为保证信号具有稳定的基准电位而设置的接地。

（2）保护性接地

保护性接地是以人身和设备安全为目的而设置的，分为保护接地、防雷接地、防静电接地、防电蚀接地四种。

为了防止电气设备绝缘被损坏，或产生漏电时，使正常运行不带电的电气设备、外露可导电部分或电气装置外露可导电部分带电而导致电击危险，将设备的外露导体部分接地，称为保护接地。保护接地能够在设备绝缘破坏时，降低电气设备外露可导电部分对地的电压，从而降低人身接触该可导电部分对地的接触电压。保护接地还为接地故障电流提供了返回电源的通路，但只有系统接地为直接接地或小电阻接地时，才会形成较大的故障电流，保护装置快速动作切除故障回路。

防雷接地是将雷电导入大地，防止建筑物、构筑物、电气设备等遭受雷电流的破坏，防止人身遭受雷击。防雷接地分为直击雷接地和雷电感应过电压保护装置的接地。直击雷通过防雷装置进行防护，由接闪器、防雷引下线和接地极组成，直击雷的接地就是将接闪器引导的雷电流经过防雷引下线引至接地极。对雷电感应过电压应设置避雷器保护，避雷器安装在配电装置内，避雷器一端与相线连接，另一端接地，当雷电感应过电压超过避雷器的放电值时，避雷器被击穿，从而保护电气设备绝缘不被损坏。

防静电接地是将静电荷引入大地，防止由于静电积聚对人体和设备造成危害。

防电蚀接地是在地下埋设金属体作为牺牲阳极或牺牲阴极，保护与之连接的金属体。

二、在地铁设计、施工中，杂散电流防护对相关专业有哪些要求？

1. 供电专业

杂散电流是在地铁直流供电系统中产生的，因此要从源头抓起，供电专业就必须采取一定措施，尽量减少地铁杂散电流的泄漏。供电专业可以采取以下措施：

① 必须保证地铁正线的牵引供电系统无论是在正常运营还是非正常运行时，都应该能满足双边供电或者大双边供电。

② 通过严格的计算和合理的规划，合理设置牵引变电所的位置，使得地铁车辆在运行过程中每一处的杂散电流都能减小到最小值。

③ 降低走行轨相对大地的绝缘电阻，供电区间内每隔400m左右距离上下行走行轨之间设置均流线，且要求均流线截面不小于$4×150mm^2$，在有牵引变电所的车站，出站端走行轨通过回流箱接至牵变所负极柜，另一端上下行走行轨之间设置均流线，无牵变所的车站，一段设均流线，另一端上下行走行轨通过电缆接至均流箱，然后接到降压变电所的钢轨限位装置。

④ 隧道内金属设备的外壳、隧道结构钢筋、各种金属管线不能与走行轨有直接的电气连接。

⑤ 车辆段内应该单独设置牵引变电所，在正常运行时，其牵引网与正线牵引网设置分段绝缘器实现绝缘分离。

⑥ 在车站，停车场安装钢轨限位装置。

⑦ 车辆段线路与正线线路间，停车库、检修库等电化库库内线路与库外线路的钢轨间设置绝缘轨缝，并根据实际情况设置单向导通装置。为保证人身安全，各电化检修库房屋的金属构件要构成电气连接并接地。

⑧ 车辆段内应根据接触网供电分段情况设置牵引回流回路。

2. 轨道专业

① 走行轨一般都将标准长度的短轨焊接成为长度大于100m的长轨，相邻走行轨之间均采用可靠的铜引线连接，连接面积不小于$2×150mm^2$。

② 固定轨道的螺钉采用绝缘性能较好的材质，如玻璃钢套管材质等，要保证每个螺钉的电阻值小于4MΩ。

③ 在隧道内，保证走行轨相对大地的绝缘电阻值在15Ω·km以上。

④ 钢轨轨枕一般采用PU轨枕，这种轨枕强度高、绝缘性能好、抗辐射、耐老化。

⑤ 走行轨采用点支撑，混凝土垫块应高于整体道床，轨道下面和道床之间留有30mm的间隙。

⑥ 由于道床的绝缘性能与杂散电流的大小有着直接的关系，因此在施工

设计中，应保持道床的干燥，排水沟设置在轨道的一侧，尽量不要换侧设置，并在沟内涂防水材料，以防渗水。在线路纵向断面和道床设计中，还应从结构上保证道床表面不能有积水，线路断面设置合理的排水系统，防止钢轨扣件受污而增加泄漏杂散电流。

⑦ 在以下地点设置绝缘轨缝：尽头线每条轨道的车挡装置与电化股道的钢轨间应设置绝缘轨缝，电化股道与非电化股道的钢轨间应设置绝缘轨缝，地面线路与地下线路的钢轨间应设置绝缘轨缝，车辆段线路与正线线路的钢轨间应设置绝缘轨缝，地铁线路与国铁线路的钢轨间应设置绝缘轨缝。

⑧ 道岔采用绝缘扣件，道岔转辙装置的控制电缆的金属外销装与道岔本体之间应具有绝缘措施。

3. 主体结构

① 对于隧道结构内横向的主体钢筋和纵向分布的钢筋进行良好的焊接。

② 对于车站结构、隧道，应该具有良好性能的防水层，采用防水混凝土浇筑。

③ 在变形缝两侧应该焊接预埋钢块，以便于杂散电流防护。

④ 盾构区间的结构钢筋应采用绝缘法进行杂散电流的防护，相邻盾构管片钢筋不进行电气连接，盾构管片之间进行绝缘处理，管片间防水材料应具有良好的电气绝缘性能。

4. 给排水及通风空调专业

① 金属管线与钢轨不得有电气连接。

② 由隧道通向地面的金属管线均应进行绝缘处理，所有通向地铁外部和由隧道通向地面的金属管线，必须装有绝缘法兰（或2～3m的绝缘短管）和绝缘接头，且应设在干燥和易观察、检查的位置。

③ 设计时尽量避免给排水管横向穿越道床，若给排水管必须横穿道床时宜采用绝缘管。若采用金属管道，金属管道表面应进行加绝缘层处理，金属管道应尽量和道床垂直，安装在易观察、检查的位置，便于维护。

④ 敷设在道床表面的各种金属管线，应利用素混凝土墩支撑，管线与素混凝土墩之间必须进行绝缘处理。

⑤ 其他设备安装时应尽量与安装处的结构钢筋绝缘，且应与接地系统连接。

5. 通信专业

① 沿线的通信设备外壳、电缆屏蔽层、电话支撑架等不应与道床结构钢筋和钢轨有任何电气连接。

② 沿线的电话箱外壳、墙壁电话支撑架、电缆支架等应与安装处的结构

钢筋绝缘，且应与接地扁钢（或自做接地极）连接，与上述设备连接的电缆采用绝缘护套电缆。

6. 信号专业

① 沿线的信号设备外壳、电缆屏蔽层、信号灯支撑架等不应与道床结构钢筋和钢轨有任何电气连接。

② 沿线的信号设备外壳、信号灯支撑架、电缆支架等应与安装处的结构钢筋绝缘，且应与接地扁钢（或自做接地极）连接，与上述设备连接的电缆采用绝缘护套电缆。

③ 信号专业在设计信号系统时，还应考虑以下因素：在车站两端（有牵引变电所的车站，在远离牵引变电所的另一端）和区间适当位置的上、下行钢轨间设有均流电缆，此均流电缆需与上、下行钢轨焊接，在设有单向导通装置的绝缘轨缝两端的钢轨要与电缆焊接，此电缆连接到单向导通装置。

7. 屏蔽门专业

站台设置屏蔽门时，屏蔽门应绝缘安装，并与走行轨有可靠的电气连接。沿站台边缘应设 2m 宽的绝缘层，其设计耐压水平不小于 DC150V，短时冲击耐压水平为 AC1000V(1min)。

8. 车辆段各相关专业

① 为保证人身安全，车辆段内的检修库、静调库及月检库等的钢轨和房屋金属构件应接地；车辆段内的其余钢轨应加强对地的绝缘，可采用点支承绝缘扣件。当采用枕木时，枕木必须先用绝缘防腐剂进行处理，枕木的端面和螺钉孔，必须经过绝缘处理或设置专门的绝缘层。

② 车辆段线路与正线线路、电化线路与非电化线路、地铁线路与国铁线路的钢轨间，以及各电化库线入口处的钢轨均应设置绝缘轨缝。

③ 为减少牵引回流回路电阻，车辆段内钢轨宜采用焊接长钢轨。

④ 车辆段内的金属管线与钢轨不应有电气连接，电气配线尽量采用绝缘管或绝缘安装措施，金属管线应进行防杂散电流腐蚀的涂覆和加强绝缘处理，并用电缆和接地母排相连，敷设在道床表面的各种金属管线，应利用素混凝土墩支撑，管线与素混凝土墩之间必须进行绝缘处理。

⑤ 车辆段内与走行轨平行埋地敷设的金属管线与走行轨保持 3～5m 的距离，如与走行轨交叉敷设在轨道下面时，交叉角度应尽量为直角。

⑥ 车辆段内的给排水管道宜采用绝缘性能好、符合城市生活用水标准的塑料管，与城市管网在电气上进行隔离。

⑦ 车辆段内的电缆应采用塑料护套型电缆，电缆中间连接要做好对外绝缘处理，电缆外铠装只能单端接地，与走行轨并行敷设的电缆应敷设在专用电

缆沟内的电缆支架上，电缆沟应排水通畅、不积水。

三、在地铁运营中，杂散电流防护对相关专业有哪些要求？

地铁施工中要求施工单位必须严格按照设计单位各专业的要求施工，完成地铁杂散电流前期防护，但在日后的地铁运营和维护过程中，因灰尘、铁屑、油污、积水、列车闸瓦等杂质会使得绝缘子污染，导致道床相对大地的绝缘程度下降，这样就会使得地铁系统向大地泄漏的杂散电流增大。因此，在日常运营中，应从以下几个方面来维护地铁安全运行。

在地铁运量较大的时间段内，选取某一个高峰小时采集地铁杂散电流监测系统监测到的道床架构钢筋极化电压和车站主体结构钢筋相对大地的电位差参数，求取平均值，然后对照规程规定值（0.5V），如果检测到的电位平均值超过规定值，则表面该区段的杂散电流超过标准值，该区段的结构钢筋可能存在杂散电流腐蚀，应该进一步测试该区段结构钢筋相对大地的过渡电阻值。

定期组织清洁人员对地铁运行的全部线路轨道进行清扫，检查地铁系统的自来水管道及地铁系统道床附近可能埋有的城市自来水管道是否良好，始终保证地铁沿线干燥。检查地铁轨道的扣件及钢轨与道床之间的绝缘垫表面是否清洁干燥，如果存在油污、灰尘、铁屑等杂质应该及时处理干净，保证走行轨相对大地的绝缘电阻值在安全范围内。

实时监测杂散电流腐蚀参数包括走行轨相对大地电位差、走行轨相对大地绝缘电阻值。如若发现轨道相对大地电位变化很大，则有可能是钢轨回流系统出现断裂或者脱落情况，应对全线轨道进行检查，有脱落应及时恢复连接，有断裂情况时焊接断点。如若发现轨道相对大地绝缘电阻值特别小，则应及时检查钢轨表面有无油污、污水、铁屑、灰尘等杂质破坏轨道对地的绝缘，及时采取措施保证走行轨相对大地的绝缘。

如若发现全线轨道相对大地绝缘电阻值全部降低，则不只是简单的轨道某处杂散破坏或者走行轨相对大地绝缘程度下降，此时仅靠人工清扫和简单维护轨道线路是远远不足的，应该将全线牵引变电所的排流装置投入运行，及时排流。

对杂散电流排流网进行定期检查和复查，如若发现排流网内部钢筋连接问题，如钢筋焊接断裂、连接螺栓腐蚀生锈等，应及时更换生锈螺栓，保证在排流系统投入运行时能够正常工作。

定期检查沿线设置的回流线、均流线是否有断线事故，检查回流柜、均流箱是否正常工作。

定期检查单向导通装置工作状态是否正常，特别是单向导通装置中的二极管、消弧装置、隔离开关等。

地铁系统是一项综合性的工程，需要多个专业相互协调、多种工种相互配合才能取得良好的效果。此外，从地铁的设计开始，设计单位严格遵守国家有关杂散电流防护的规定进行地铁线路及设备安装的设计；在地铁建造施工的过程中，有关施工单位严格按照设计单位的图纸施工，并且严格遵守有关施工规定；在地铁开通运行后，地铁公司严格地铁运行相关规定运营，实时监测地铁杂散电流泄漏情况，及时对地铁各项设施进行维护。只有各个环节严格把关，才能保证地铁安全运行，为人们的出行带来更多的便利。

附录
城市轨道交通相关法规、规范、技术标准

[1]《35~110kV 变电站设计规范》GB 50059—2011

[2]《3~110kV 高压配电装置设计规范》GB 50060—2008

[3]《电力装置的继电保护和自动装置设计规范》GB/T 50062—2008

[4]《供配电系统设计规范》GB 50052—2009

[5]《20kV 及以下变电所设计规范》GB 50053—2013

[6]《低压配电设计规范》GB 50054—2011

[7]《通用用电设备配电设计规范》GB 50055—2011

[8]《电气简图用图形符号 第1部分：一般要求》GB 4728.1—2018

[9]《电力装置电测量仪表装置设计规范》GB/T 50063—2017

[10]《电力工程电缆设计规范》GB 50217—2018

[11]《地区电网调度自动化系统》GB/T 13730—2002

[12]《电力系统调度自动化设计规程》DL/T 5003—2017

[13]《交流电气装置的接地设计规范》GB/T 50065—2011

[14]《地区电网调度自动化系统》GB/T 13730—2002

[15]《远动终端设备》GB/T 13729—2019

[16]《地区电网调度自动化设计规程》DL/T 5002—2021

[17]《远动设备及系统 第2部分：工作条件 第1篇：电源和电磁兼容性》GB/T 15153.1—1998

[18]《远动设备及系统 第2部分：工作条件 第2篇：环境条件（气候、机械和其他非电影响因素）》GB/T 15153.2—2000

[19]《远动设备及系统 第4部分：性能要求》GB/T 17463—1998

[20]《远动设备及系统 第5部分：传输规约 第1篇：传输帧格式》GB/T 18657.1—2002

[21]《运动设备及系统接口（电气特征）》GB/T 16435.1—1996

[22]《建筑物防雷设计规范》GB 50057—2010

[23]《绝缘配合 第2部分：使用导则》GB/T 311.2—2013

[24]《建筑结构荷载规范》GB 50009—2012

[25]《电力设备预防性试验规程》DL/T 596—2021

[26]《地铁设计规范》GB 50157—2013

[27]《城市轨道交通直流牵引供电系统》GB/T 10411—2005

[28]《城市轨道交通技术规范》GB 50490—2009

[29]《地铁杂散电流腐蚀防护技术规程》CJJT 49—2020

[30]《轨道交通 地面装置 电气安全、接地和回流 第2部分：直流牵引系统杂散电流的防护措施》GB/T 28026.2—2018

[31]《城市轨道交通照明》GB/T 16275—2008

[32]《城市轨道交通用电综合评定指标》GB/T 35554—2017

[33]《轨道交通 地面装置 直流开关设备 第1部分：总则》GB/T 25890.1—2010

[34]《轨道交通 地面装置 直流开关设备 第2部分：直流断路器》GB/T 25890.2—2010

[35]《轨道交通 地面装置 直流开关设备 第3部分：户内直流隔离开关、负荷开关和接地开关》GB/T 25890.3—2010

[36]《轨道交通 地面装置 直流开关设备 第4部分：户外直流隔离开关、负荷开关和接地开关》GB/T 25890.4—2010

[37]《城市轨道交通再生制动能量吸收逆变装置》GB/T 37423—2019

[38]《城市轨道交通能源消耗与排放指标评价方法》GB/T 37420—2019

[39]《城市轨道交通直流牵引供电整流机组技术条件》CJT 370—2011

[40]《城市轨道交通变电检修职业技能等级标准》2021年2.0版

参 考 文 献

[1] 黄德胜，张巍. 地下铁道供电 [M]. 北京：中国电力出版社，2010.

[2] 于松伟，杨兴山，韩连祥，等. 城市轨道交通供电系统设计原理与应用 [M]. 成都：西南交通大学出版社，2008.

[3] 北京市规划委员会. 地铁设计规范 [M]. 北京：中国建筑工业出版社，2013.

[4] 李晓江. 城市轨道交通供变电技术城市轨道交通技术规范实施指南 [M]. 北京：中国建筑工业出版社，2009.

[5] 何宗华. 城市轨道交通供电系统运营与维修 [M]. 北京：中国建筑工业出版社，2006.

[6] 王艇. 地铁直流牵引供电保护技术与系统实现 [D]. 南京：江苏大学，2006.

[7] 林惠汉，凌文坚，吴世成. 24相轴向双分裂整流变压器 [J]. 变压器，2002，39（10）：9-10.

[8] 张殷. 轨道交通电力监控系统设计与应用 [D]. 上海：华东理工大学，2014.

[9] 张国碧，李家稳，郭建波. 我国地铁的发展现状及展望 [J]. 山西建筑，2010，36（33）：13-14.

[10] 张格学. 地铁供电故障的调度应急指挥 [J]. 现代城市轨道交通，2017，12（06）：46-49.

[11] 冯爱军. 国内城市轨道交通技术发展现状与展望 [J]. 江苏建筑，2020，3（205）：1-3.

[12] 中国城市轨道交通协会. 中国城市轨道交通智慧城轨发展纲要，2020.

[13] 中国城市轨道交通协会. 中国城市轨道交通绿色城轨发展行动方案，2022.

[14] 李学武. 城市轨道交通供变电技术 [M]. 成都：西南交通大学出版社，2016.

[15] 中华人民共和国建设部. 城市公共交通分类标准 [S]. 2007.

[16] 中华人民共和国建设部. 城市公共交通常用名词术语 [S]. 1986.

[17] 中华人民共和国住房和城乡建设部. 地铁杂散电流腐蚀防护技术标准 [S]. 2020.

[18] 中华人民共和国住房和城乡建设部. 城市轨道交通架空接触网技术标准 [S]. 2019.